¿Cómo negociar con Cupido?

¿Cómo negociar con Cupido?

UNA GUÍA SENCILLA PARA GANAR EN EL AMOR

GERARDO NAVAS

Número de Control de la Biblioteca del Congreso de EE. UU.: 2017916439

ISBN:	Tapa Dura	978-1-5065-2233-3
	Tapa Blanda	978-1-5065-2234-0
	Libro Electrónico	978-1-5065-2232-6

Información de la imprenta disponible en la última página.

Fecha de revisión: 19/10/2017

Para realizar pedidos de este libro, contacte con:
Palibrio
1663 Liberty Drive
Suite 200
Bloomington, IN 47403
Gratis desde EE. UU. al 877.407.5847
Gratis desde México al 01.800.288.2243
Gratis desde España al 900.866.949
Desde otro país al +1.812.671.9757
Fax: 01.812.355.1576
ventas@palibrio.com
768644

Índice

Prologo

El amor es la maquinaria que mueve al mundo, un sentimiento tan grande y noble como este, ha llevado a millones de personas a hacer cosas grandiosas; se han creado fascinantes canciones, cuadros geniales, y poemas que han permanecido vigentes con el paso de los años. En fin, existen infinidades de cosas que se han hecho en nombre el amor; en esta ocasión, el amor y el apoyo que he recibido de personas maravillosas hasta el día de hoy, me han llevado a escribir este libro, que con tanto cariño y tanta vehemencia me inicia en el mundo de la escritura.

La pasión por la psicología y esa curiosidad permanente por conocer cada día más sobre el comportamiento humano, me llevaron investigar el porqué de tantas separaciones matrimoniales y tantos noviazgos fallidos. No puede ser que de una energía tan positiva como la del amor, nazcan sentimientos y acciones tan despreciables como los celos, la envidia, la deslealtad, o el rencor.

En el momento en que comprendí que "lo contrario al amor no es el odio sino la indiferencia", me vi en la necesidad de aportar mi granito de arena, y ayudar a que las personas puedan deslastrarse todos esos mitos y creencias negativas, y así poder hacer las cosas de manera correcta.

Esas formas de pensar y actuar que aun conservamos después de 12.000 años de evolución que tiene la raza humana en el planeta tierra deben ser cuestionadas. No podemos ser personas dignas del siglo XXI si vivimos con creencias del siglo XX. El miedo nos paraliza; miedo a la burla, miedo al rechazo. Todos esos temores solo crean patrones de comportamientos pasivos que nos mantienen arraigados en una sociedad moralmente obsoleta.

Seria verdaderamente vergonzoso, que en un hipotético caso, nos visitara alguien del pasado y se diera cuenta de que después de quinientos años nada ha cambiado para la raza humana, entonces, todo el tiempo que habría pasado desde su época hasta la nuestra seria en vano. Solo objetando lo que sabemos podremos mejorar.

Por eso, con este libro me dedico a poner en contexto y de ser necesario a polemizar, sobre lo que sabemos y lo que desconocemos, todo aquello que crea barreras de tabú en nuestra sociedad y nos mantiene mentalmente estancados.

Ahora, te invito a través de cada página a abrir tu mente, a cuestionar lo que hasta ahora sabes, y a sacar la basura de tu subconsciente para dar espacio a nuevos conocimientos que darán paso al nuevo hombre. El verdadero hombre del siglo XXI.

Cuando quiero explicar mi punto de vista utilizo ejemplos "extremos"; todos se sienten cómodos en un punto medio, solo llevándolos al límite logran ver la diferencia entre lo bueno y lo malo. Solo así saco sus mentes de la zona de confort.

La historia del amor y el sexo

El amor en sus inicios

Si hablaremos de amor, debemos empezar por conocer el significado de esa frase; son solo cuatro letras, dos silabas, pero sus conceptos varían en cada circunstancia. Wikipedia (una de las enciclopedias libres más consultadas en la webs), nos dice que, "*El amor es un concepto universal relativo a la afinidad entre seres, definido de diversas formas según las diferentes ideologías y puntos de vista*". La real academia española, lo conceptualiza como *"un sentimiento hacia otra persona que naturalmente nos atrae y que, procurando reciprocidad en el deseo y unión, nos completa, alegra, y da energía para convivir, comunicarnos y crear*".

La existencia del amor en el mundo se remonta hasta la creación del mismo, según la teoría de la creación. En los textos bíblicos del cristianismo (la religión con más seguidores en el mundo hasta el momento), encontramos párrafos que nos dicen que "Dios es amor", siendo este el creador de todo lo que conocemos, podríamos decir que el amor existe mucho antes de la aparición del hombre en la tierra. La primera relación amorosa conocida según esta teoría, tuvo lugar en los primeros habitantes en el planeta tierra, Adán y Eva.

En cuanto a la teoría evolucionista de Darwin y estudios científicos realizados recientemente, los primeros seres humanos en la tierra aparecieron hace aproximadamente doce mil de años, pero a pesar de que ellos debían tener relaciones sexuales para poder reproducirse, no hay forma alguna de demostrar en que momento paso de ser una simple necesidad fisiología a un acto de amor.

Dioses y días festivos

Este sentimiento, descrito por muchos como estimulante y motivador, también tiene su propio Dios, este era conocido como "Eros" en la mitología griega y "Cupido" en la mitología romana; hijo de la diosa del amor y el Dios de la guerra, nos da a entender el equilibrio que se le atribuía al amor desde entonces cuando decían que provenía del amor y de la guerra.

El amor también tiene su propio día festivo. Según una creencia religiosa, en el año 270 A.C, un sacerdote llamado Valentín, efectuó la boda de un conglomerado de parejas pese a la prohibición del emperador de Roma en ese entonces, debido al desacato de sus órdenes, el emperador ordeno que el sacerdote fuese encarcelado y posteriormente, el catorce de febrero de dicho año fue martirizado y ejecutado; es por ello que cada catorce de febrero se conmemora su muerte como el día de san Valentín o día del amor y la amistad en gran parte del mundo.

Obras en nombre del amor

El amor ha sido un tema predilecto para escribir novelas en las cuales el lector se ha podido identificar, tal es el caso de la famosa obra literaria llamada "*Romeo y Julieta*", escrita por William Shakespeare a mediados del siglo XVI y aún vigente en el siglo XXI.

El amor también ha sido motivo de inspiración para levantar grandes creaciones arquitectónicas, tal es el caso del Taj Mahal o Palacio de Corona, construido en la India a base de mármol y decorado con piedras preciosas, todo esto por órdenes del emperador Sha Jahan en honor a su esposa Mumta, la cual acababa de morir en el parto de su catorceavo hijo. La construcción se inició como ofrenda póstuma y se tardó 41 años en ser inaugurada; esta obra comprende una superficie total de 1200 metros cuadrados, 73 metros de altura y requirió de la intervención de 20.000 obreros. Por tan majestuosa edificación, esta es considerada una de las 7 maravillas del mundo y apodada como "el monumento al amor". En fin, podría decir sin temor a caer en exageraciones que el amor mueve el mundo.

Aunque existan varios tipos de parentescos o nexos entre dos o más personas que sientan amor entre sí, en este libro hablaremos únicamente sobre el amor en las relaciones de pareja, esto con el fin último de mejorar nuestras experiencias al momento de expresarlo y/o recibirlo.

Taj Mahal. (Monumento al amor). Agra, India.

El sexo en sus inicios

En las primeras civilizaciones, el hombre se percató de que necesitaba de una mujer para satisfacer sus necesidades fisiológicas sexuales y reproductivas, esa fue la intención inicial; por otro lado, la mujer tomó al hombre solo con el fin de reproducirse, algo que no podía hacer por sus propios medios. En la antigua Grecia, el hombre consideraba a la mujer un ser insaciable en cuanto al sexo se refiere, era como "un animal lleno de energía que nunca se cansaba", por esa razón se dió a la tarea de velar por la castidad de ella encerrándola en su casa mientras él estaba en la calle, incluso entrenando a su perro para que la vigilara mientras no estaba con ella.

Desde que se establecieron las primeras sociedades en occidente, el sexo se ha convertido en un tabú y tema prohibido para tratar, esto se debe principalmente a que las distintas religiones, han condenado en sus textos bíblicos la desnudes, el exhibicionismo y el acto sexual entre dos personas que no se encuentren unidas con la bendición o autorización de la deidad que los rige, o al menos es esa la interpretación que los representantes religiosos aquí en la tierra le han dado a dichos textos. Esto ha traído como consecuencia, que después de más de dos mil años de evolución, el ser humano, aun desconozca más de la mitad de su sexualidad, esto tanto en el aspecto físico como en el sensorial.

En la mayoría de las ocasiones, la ignorancia nos lleva a errar, de hecho errar no es malo, al contrario, siempre y cuando se aprenda del error y no seamos reincidentes; pero por un instinto natural de defensa y supervivencia del ser humano, cuando fallamos, crece en nosotros el temor de volver a intentarlo para evitar la burla, el rechazo y la humillación en el caso de fallar nuevamente; esto sumado a las prohibiciones religiosas, nos mantienen aún en estado de duda e ignorancia pero al mismo tiempo de mucha curiosidad; entendamos que lo prohibido suele llamarnos la atención en mayor proporción que lo que tenemos permitido hacer. Con esto no pretendo hacer apología a la desnudes en público o el sexo sin control, al contrario, me gustaría que cada uno de nosotros podamos aprender a explorar y conocer nuestra sexualidad de una manera sana y responsable para disfrutar de una vida plena y feliz.

Particularmente creo que todo lo que ha sido creado por la naturaleza tiene un propósito y un uso positivo. Nada es creado inútilmente o con el fin de dañar, por ejemplo; si el sol no existiera, probablemente el planeta tierra seria en tu totalidad tan frio como el polo norte y permanentemente sumido en la oscuridad, por supuesto, todos los extremos son malos, y exponerse demasiado tiempo a los rayos solares puede afectar nuestra salud, pero eso no hace que el sol sea perjudicial por sí solo. Lo mismo sucede con la luna, ella regula el movimiento de la tierra sobre su propio eje, si ella no existiera, la tierra giraría mucho más rápido y tendríamos días con 6 horas de luz solar en vez de 12 entre muchos otros efectos más. Algo similar sucede con nuestro cuerpo, muchas personas dicen "los hombres no lloran", de ser eso cierto, los varones no tendríamos glándulas lagrimales desde nuestro nacimiento. Entonces, ¿por qué reprimir nuestras inquietudes o deseos sexuales cuando eso es algo completamente natural y que nos produce tanta satisfacción y felicidad?

Amor y sexo juntos

El sexo ha estado muy ligado a las relaciones de pareja desde hace millones de años, sin embargo, no siempre ha sido así, aunque para algunas personas resulte inconcebible, en muchas oportunidades el amor es el gran ausente. En muchas ocasiones por temor a adquirir compromisos, en otras por evitar decepciones y en otras por ser el sexo el único y principal protagonista; es por ello, que en la sociedad actual se atribuye una diferencia entre las frases "hacer el amor" y "tener sexo", haciendo énfasis en que cuando hablamos del primero, este implica una conexión sentimental o emocional entre ambas personas, y en el segundo caso, es solo un acto superficial pero lleno de placer y lujuria; sin embargo, al hablar de sexo, nos referiremos al acto carnal entre dos personas, independientemente de si este viene o no acompañado de algún vínculo emocional entre ambos. Este acto aunque natural tiende a ser complejo, pero si aprendemos a ser excelentes amantes, tendremos al menos la mitad del camino recorrido y podremos fortalecer nuestra comunicación de pareja, optimizar nuestra salud y mejorar nuestra autoestima.

Quiero aclarar que este libro no posee contenido sexual en el que se den consejos o sugerencias sobre posiciones o técnicas del acto sexual, no obstante, si podrán conocer un poco más acerca del hecho de cómo mejorar la experiencia sensorial con tu pareja y a saber que espera ella antes, durante y después del sexo.

Todo empieza por mí

Amor propio

Es imposible dar algo que no tenemos, por lo tanto, para dar amor debemos primero amarnos nosotros mismos, de hecho, aunque suene extraño, usted debe primero "rebosarse de amor" para luego poder vaciar el excedente sobre los demás; su corazón, su espíritu y su vida deben llenarse de amor propio antes que nada. Eso le permitirá evitar decepciones y depresiones por el simple hecho de que alguien deje de amarlo o decida ignorarlo repentinamente.

El amor que usted entrega a los demás es parte de ese restante que usted experimenta cuando su vida está repleta de él.

Amarse a sí mismo implica conocerse física, mental pero sobre todo espiritualmente, quiero que tengamos claro, que nuestro plano espiritual no tiene nada que ver con el ámbito religioso o algún dogma en especial; cuando me refiero al plano espiritual hablo de un conocimiento profundo de su yo interno. La mejor forma de conseguir esa conexión a mi parecer es la meditación.

Si te conoces y te amas lo suficiente, tu felicidad no dependerá del cariño, la atención o la compañía de otros.

Tus creencias sobre el amor

La personalidad está estructurada por los distintos ambientes en los que nos hemos desenvueltos y las personas que han influenciado en nosotros a lo largo de nuestra crianza. Nuestro hogar y la familia en general, nuestros vecinos, nuestros profesores; todos ellos van inculcando en nosotros un coctel de ideas, consejos y filosofías de los cuales iremos estructurando nuestra forma de pensar y de actuar en sociedad y frente a nuestra pareja. Muy por encima de todo, prevalece como influencia para nosotros la experiencia de nuestros padres o en su defecto las personas que fueron responsables de nuestra crianza. Son muchos los comentarios y las opiniones que escuchamos sobre el amor, más influyente aún son las decisiones que vemos que han sido tomadas al momento de enfrentar los problemas del día a día; todo esto va creando un concepto propio de lo que es entablar una relación de pareja, algunas veces de manera positiva y en otras no tanto, todo va a depender de la información recibida y como la procesamos.

Lamentablemente, en la etapa de la niñez y la adolescencia, nadie nos aclara o nos dice que la experiencia de ellos no es necesariamente un presagio exacto de lo que sucederá con nosotros. Si escuchas frecuentemente que todas las mujeres son infieles y tú le das fuerza a esa afirmación aceptándola como una realidad en tu vida, probablemente esto quedara grabado en tu subconsciente, lo que traerá como consecuencia que pases por relaciones llenas de celos, traiciones y amargos momentos. Otro cliché muy común en la sociedad de hoy en día es decir que todos los "hombres buenos" están casados; nuevamente, si tomas esa frase como una realidad para ti, la solidaridad, el respeto y el amor se encontraran ausentes en tus relaciones de pareja, por lo tanto, antes de iniciarte en una nueva relación amorosa o continuar con la tienes actualmente, hazte un análisis de conciencia y revisa cuáles son tus creencias sobre el amor.

Libérese de su pasado

Independientemente de lo que hayas aprendido, deja todo atrás, No importa si las experiencias de las que has tenido conocimiento han sido buenas o malas, debes borrar todo eso de tu mente. Para escribir tu propia historia debes tomar una hoja nueva, no es prudente tomar la hoja de otro llena de borrones, tachones y notas a pie de página; para adquirir nuevos conocimientos debes deslastrarte de todas esa basura mental y dar espacio a lo nuevo.

Esto es algo muy sencillo de hacer si no existen marcas fuertes adquiridas en tu infancia, de todas formas, son muchas las opciones para acceder a una "reprogramación mental", bien sea por tus propios medios, libros de auto ayuda, terapias psicológicas o sesiones de Hipnosis en casos extremos. Esto a la larga va a permitir hacer algunos ajustes en tus pensamientos, ya que son estos los que conducen tus acciones.

¿Qué pienso sobre las relaciones amorosas?

Cuando hablamos de relaciones de pareja debemos tener en cuenta que nos referimos a dos personas distintas, que se unen con el fin de hacer una vida en común, estas personas deben tomar total conciencia de sus acciones y las consecuencias que estas dejan.

Existen varios aspectos fundamentales de nuestras vidas, los cuales debemos revisar constantemente para mejorar nuestras relaciones y la experiencia que brindaremos a nuestra media naranja.

Características que debemos tener:

- Independencia

Las relaciones de pareja tienen una gran semejanza en cuanto a los deportes se refiere, siempre existen personas fuera del contexto de la competencia, estos llamados fanáticos o seguidores que en la mayoría de las ocasiones creen tener la respuesta cierta de qué debería hacer el jugador para ganar, se convierten en una especie de "técnicos honorarios" que creen ser dueños de la razón. Lo mismo sucede con los lazos afectivos que intentamos formar, en muchas ocasiones, los padres, hermanos, tíos, amistades cercanas o inclusive personas que no lo son tanto, como vecinos o peor aún desconocidos, aseguran saber que deberías hacer o decir para que tengas éxito en el amor. Más increíble aun, son muchos los casos en que se molestan si hacemos caso omiso a sus consejos. Entonces, sabemos que por vivir en sociedad estamos permanentemente expuestos a estas situaciones, pero, ¿Qué tanta influencia ejercen estas personas en tus decisiones?, esa es una pregunta para reflexionar detenidamente.

- Responsabilidad

Errar es de humanos, cometer el mismo error más de una vez es de tontos, pero no reconocer que eres tú el causante de tus victorias y tus desgracias es de cobardes. El problema no es chocar con la piedra si no encariñarse con ella.

Cuando somos infieles o tratamos mal de forma física, verbal o psicológica a nuestra pareja le estamos irrespetando. Debemos tener en cuenta ¿cómo nos sentiríamos y reaccionaríamos nosotros en su situación?, es por ello de que debemos asumir nuestra responsabilidad y disculparnos. Esos pretextos frecuentes en los que decimos "yo soy así" o "yo no soy el único culpable" no nos llevan a una salida positiva; circunstancias en donde señalamos nuestra familia, el país donde vivimos, la cultura, la economía, el cambio climático... ¡Nada! Repito, ¡Nada! De eso nos llevara a un buen término.

No se trata de buscar culpables, se trata de conseguir soluciones. Porque si yo puse de mi parte para que esto iniciara, siempre tendré el poder y el deber de hacer algo para arreglar o mejorar dicha situación.

- Confianza

La confianza a la que nos referimos en esta ocasión es la que tenemos y desarrollamos con nuestra pareja, en la mayoría de los casos la ausencia de esta se ve expresada por medio de los celos, pero la infidelidad no es el único motivo por el cual solemos desconfiar aunque si es el más común.

La falta de confianza es algo que podemos trabajar a base de mucha comunicación, hablando del pasado de cada uno y saber cuáles son sus expectativas para el futuro te dará una mejor idea de si estas frente a tu alma gemela o si simplemente son dos personas que coincidieron en un lugar y momento determinado, pero que tal vez no estén dispuestos a ceder y acoplarse entre sí. No debemos amar y desconfiar, esos dos verbos no caben en una misma oración. Siempre se corren riesgos de lealtad o pérdida del ser amado. Pero no podemos pretender el control total de la relación, recuerden que el amor es libertad y si al amar no nos entregamos a nuestra media naranja solo estaremos perdiendo nuestro tiempo y haciéndole perder el de nuestra pareja.

- Conocimiento propio

Antes de siquiera conocer a otra persona, es primordial el hecho de que te conozcas en profundidad.

Esto puedes concretarlo haciéndote un pequeño test que yo he diseñado; puedes hacerlo mentalmente, sin embargo yo recomiendo que lo hagas escrito. Es importante que no mientas en las respuestas, en ese caso no podrás trabajar en tu evolución personal. A continuación encontraras las preguntas que deberás hacerte:

- ¿Podría mencionar 5 virtudes y defectos de mi persona?
- ¿Cómo podría mejorar esos 5 aspectos negativos de mi vida?
- ¿Estoy realmente dispuesto a hacer cambios en mis hábitos?
- ¿En que podrían beneficiar mis virtudes a mi pareja?
- Mencione 5 características que usted piensa que su pareja buscaría en usted.
- ¿Cuántas de esas características posee usted ahora?

Si podemos entrelazar nuestras virtudes con los aspectos que nuestra pareja buscaría en nosotros, tendremos una gran posibilidad de éxito; pero es importante que todos esos cambios y mejoras se hagan procurando siempre siendo felices en el camino.

¿Qué busco en mi pareja?

Físico vs personalidad

Cuando estamos en la búsqueda de ese amor que nos pueda hacer feliz, son muchos los aspectos que se ponen en juego debido a la complejidad de nuestro cerebro. Si bien es cierto que lo más importante y en lo que deberíamos prestar más atención debe ser en la personalidad de nuestro(a) prospecto, el cerebro nos juega una pasada cuando el sub consiente nos toma la delantera y empieza a tomar decisiones a priori.

Estudios demuestran, que el cerebro evalúa y crea un perfil de la persona que observa en los primeros tres segundos de contacto visual sin siquiera mediar palabras, estableciendo así, si esta es de confiar o no. Es algo sobre lo que no tenemos control debido a que es parte de nuestra programación mental de supervivencia. Entonces, decir que no debemos juzgar un libro por su portada técnicamente sería algo inverosímil, pero lo que si podemos hacer es detenernos a abrir el mismo y conocer su contenido para tener una información más detallada.

Todos los humanos somos energía, eso que algunos llaman "alma", está compuesta por una gran energía que mueve y mantiene en funcionamiento un cuerpo que es una especie de carcasa, y que esta predestinada al deterioro por el uso y el paso del tiempo. No digo que no tengamos preferencias en cuanto al físico o el aspecto de esa media naranja que buscamos, pero darle más del 50% de importancia para tomar una decisión es algo absurdo. Vale la pena indagar sobre los valores personales y los aspectos del carácter que esa persona posee; si es dominante o es comprensivo, arriesgada o temerosa, si quiere tener hijos o no; escoger tu pareja por el físico seria como comprar un vehículo para carreras fijando tu atención únicamente en el color de la pintura. Si fijas bien tus prioridades podrás aumentar tus posibilidades de tener una convivencia más armoniosa

Ley de atracción

Hablando fuera del plano físico, todos, de acuerdo a nuestras personalidades y visiones del futuro, buscamos algunas características específicas en una pareja. De pensamiento positivo, emprendedora, romántico, alegre, audaz, de gran intelecto, bohemia. Cualquiera que sea ese rasgo dominante que buscas en tu otra mitad debemos tenerlos muy claro.

"No hay viento a favor para quien no sabe a dónde quiere navegar". Así reza un viejo dicho que nos da a entender que nunca podremos avanzar ni conducirnos al camino que queremos, si no tenemos claro que es lo que buscamos.

Cuando nuestros deseos de una pareja son vagos, ese poder infinito del que todos disponemos que es el poder de la mente es desperdiciado, o aun peor, puede volverse en nuestra contra.

En el pasado siglo XX, la física cuántica se encargó de profundizar estudios científicos que nos indican que todo lo que pensamos, escribimos, hacemos o sentimos, emite una frecuencia energética al universo que, dependiendo de su intensidad, termina o no por materializarse en nuestras vidas.

Esta es una ley inmutable que podríamos usar en nuestro favor si tenemos claro que es lo que buscamos en una pareja. La ley de atracción es igual a la ley de gravedad; el hecho de que tú no creas en ella o no sepas como funciona, no implica que vayas a flotar por sí solo. Por eso, es conveniente ponerla a trabajar en nuestro favor, a final de cuentas es gratis, y es un poder ilimitado. Sin embargo, hay un detalle importante que debemos tener en cuenta; esta ley desconoce el verdadero significado de la palabra "no", esto quiere decir que debemos enfocarnos en que es lo que buscamos, y evitar pensar las cosas que no queremos. Para explicarles más ilustradamente voy a darle el siguiente ejemplo: Por favor, en este momento, necesito que no piense en un limón verde, grande y muy acido. Probablemente usted pudo visualizar claramente en su imaginación el limón, y en el mejor de los casos su boca produjo una insalivación y recibió el sabor acido de este a pesar de que le pedí claramente que no lo hiciera.

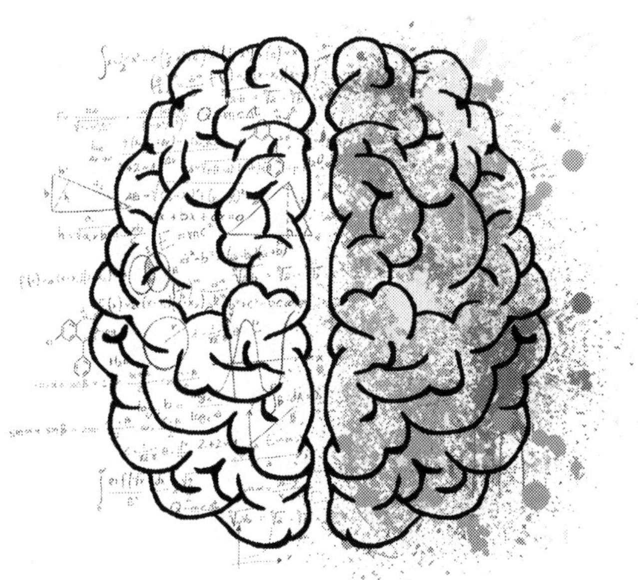

No quiero profundizar en el tema, sin embargo, si quieres saber más sobre este poder y como potenciarlo en tu favor podría sugerirte leer *"El secreto"* de la autora Rhonda Byrne, o también *"La ley de atracción"* del Dr. Camilo Cruz, y así sacarle el mayor provecho a dicho poder natural en cualquier ámbito de tu vida.

La pregunta después de todo esto es ¿ya sabes que buscas en tu media naranja?, Algunos estudios señalan que, los hombre, tomamos a nuestra figura materna como un patrón o ejemplo de que es lo que buscamos en una mujer; en el caso de las mujeres sucede lo mismo pero con su figura paterna. En algunos casos, terminamos por llevar esto al límite siendo esto negativo debido, a que buscamos actitudes y atributos que son tan particulares que terminaremos decepcionados, atributos como la sazón de las comidas, formas de expresarse o incluso algún trato especial que terminaría llevándonos a un "incesto"; pero esto solo en casos extremos.

Sea cual sea la personalidad que buscas en esa persona, debes tener siempre en cuenta que no existe la perfección, solo buscamos quien se adapte mejor a nosotros y nos ame por lo que somos para así nosotros ser recíprocos en las relaciones.

¿Cómo buscarlo?

Una ventaja clara que tenemos al saber que buscamos es que podemos identificar donde y como buscar. Se de una historia de la vida real, en la que una mujer quería tener una relación con un hombre extranjero y para conseguirlo, cada día, después de salir de la universidad, iba a tomar un café en el aeropuerto en el sector de los vuelos internacionales, con el paso del tiempo, ella conoció allí a un embajador de un país europeo, posteriormente termino casándose con él. La anécdota podría sonar un poco banal quizás, pero cualquiera que sea el motivo, la moraleja es clara; ella sabía lo que quería y por lo tanto donde y como buscarlo. Ya sabes, si no quieres a una pareja que le guste la bebida, no será recomendable que te involucres con alguien que conociste en una taberna.

Para conseguir una relación saludable y duradera, es importante tener claro que no deberías exigir en tu pareja algún aspecto de su personalidad que tú no estés dispuesto a adoptar. Por eso siempre digo que "Todo empieza por ti"

Por lo antes ya mencionado, debes entender que debes dar antes que recibir; si quieres a tu lado a alguien que sepa de atender los quehaceres del hogar, tú también deberías saber y estar dispuesto a hacerlo; si buscas a alguien que sea detallista, tú debes disponerte a regalar flores, chocolates, llevar a ese ser especial al cine, dedicarle serenatas o hacerles cartas de amor. Hacer uso de "la regla de oro", le permitirá a tu pareja sentirse valorada y apreciada, por lo tanto ella buscara compensarte de la misma manera en señal de su gratitud.

Quiero hacer especial énfasis en que estamos en el siglo XXI, ya el machismo es un idealismo obsoleto y la esclavitud fue abolida, el feminismo tocó fondo cuando confundimos la libertad con el libertinaje; por eso es hora de estacionarnos en un punto medio. Mujeres y hombres tenemos los mismos derechos de ser felices, más aun cuando nos unimos en nombre del amor.

A final de cuentas, no se trata de saber que buscas en una persona, sino que puedes ofrecer tú. Cuando podamos partir desde ese punto, tendremos más de la mitad del camino recorrido.

¿Qué busca él?

Del lado masculino, la balanza en cuanto a la búsqueda, se inclina mucho más hacia la fisionomía de su pareja; estudios señalan que, un rostro con rasgos pocos pronunciados es mucho más femenino y atractivo. Hay procesos hormonales naturales por los que las mujeres pasan en los días previos al ciclo de la menstruación, estos procesos generan cambios en las mujeres y llaman la atención del hombre de manera inconsciente, cambios como; mayor brillo en el cabello, un cutis más lozano y secreción de feromonas (Sustancias químicas secretadas por los seres vivos que sirven para seducir y atraer el sexo opuesto) que son percibidas olfativamente de parte del hombre.

El hombre da prioridad al atractivo físico, fertilidad y buena genética, y esto lo consigue cuando ve a una mujer con medidas proporcionalmente iguales entre sus caderas y su torso, piernas largas, y un movimiento oscilante de sus caderas al caminar representan características de una óptima salud reproductiva y sensualidad.

¿Qué busca ella?

Por su parte, la representación femenina enfoca su búsqueda principalmente en una buena genética, una estable y buena posición social; esta última debido a que la mujer se arriesga a pasar por un cambio físico de nueve meses y posteriormente pasar el resto de su vida criando a un nuevo ser (posiblemente sola), es por eso que la mujer tiene tendencias a sentirse vulnerable y buscar protección de parte de su compañero de vida.

En cuanto a lo físico, al contrario de lo que muchos creíamos, recientes estudios demuestran que las mujeres promedio, en su mayoría prefieren hombres no muy tonificados físicamente o con un cuerpo escultural. Ellas no quieren tener que sentirse culpables constantemente por sus medidas, ni mucho menos tener que estarse preocupando día a día por tener una condición física de competencia gimnasta.

Un trabajo que genere al menos un poco más de lo necesario para no tener que preocuparse por los gastos mensuales, una casa grande y un auto en óptimas condiciones le otorga el estatus necesario al prospecto para ser escogido.

Finalmente, vemos que el proceso del cortejo, a pesar de más de 2000 años de evolución, no ha tenido cambios tan significativos como pensábamos, puesto a que el hombre busca atención y la mujer busca protección.

La danza del cortejo

Quemando etapas

La vida del ser humano está clasificada en periodos como la niñez, la adolescencia, la adultez y la vejez o tercera edad. Sin embargo, dentro de esos periodos existen etapas que todos debemos "quemar", de lo contrario esas etapas nos estarán siguiendo en nuestras mentes, pensando siempre en que hubiese sucedido o como se habría sentido experimentar determinados eventos.

Está demostrado científicamente que las personas que no gatean antes de aprender a caminar, a diferencia de los que si lo hacen, tienen una mayor posibilidad de desarrollar problemas en la columna y el fémur, que a la larga lo obligaran a gatear al momento de su vejez. Para conseguir ser felices en cualquiera de las etapas de nuestras vidas, es indispensable vivir cada momento a plenitud y luego pasar la página. No podemos quedarnos aferrados en el pasado. No se puede conducir un vehículo solo viendo únicamente el retrovisor, debes ver hacia delante o tendrás una colisión asegurada.

Compartir con tu familia, tener amistades, hacer travesuras en la adolescencia, salir a fiestas con tus amigos, incluso tener varias experiencias amorosas (una a la vez). Son muchas las personas que inician relaciones conyugales en las cuales terminan casándose o viviendo el resto de sus vidas juntos sin haber pasado por esas experiencias. En casos como estos, tarde o temprano, llegan los cuestionamientos sobre su relación, y terminando optando por reprocharle a su pareja acerca de todos esos momentos no vividos; tienen la sensación de que fue ella o el, quien ha evitado que viva todas esas experiencias. Situaciones como esas son las que llevan a hombres y mujeres con años de matrimonio a salir los fines de semanas de fiesta con sus amistades, buscar tiempo para disfrutarlo con su familia, e iniciar actividades grupales, en todos los casos excluyendo a su pareja; ellos se sienten ahogados, sienten que necesitan un espacio para ser lo que nunca fueron, hacer lo que nunca hicieron.

Por eso mi mejor recomendación es que, antes de iniciar una relación amorosa en la que te vayas a involucrar de lleno con él o ella, estés seguro de que ese es el próximo paso a dar, y que cada una de las cosas que hagas de ahí en adelante serán en compañía de tu ser amado.

Sex appeal

Titulé este capítulo “la danza del cortejo”, debido a que, cortejar a otra persona implica un va y ven de emociones y acciones, con el fin de convencer a esa persona de que tú eres a quien ella busca y necesita para entablar una relación amorosa.

Para muchos esto se desarrolla como algo natural, pero para otros nos resulta una pesadilla. Básicamente es el miedo al rechazo el que nos pone en esa incómoda situación. Nuestras manos y rostros empiezan a sudar, la temperatura corporal baja bruscamente, se produce una sobre salivación, lo que ocasiona también que se nos dificulte mencionar siquiera una palabra, eso sin contar la innumerable cantidad de ideas que pasan por nuestras mentes en cuestión de segundos.

Todos estos síntomas físicos, nos llevan a percibir esa extraña sensación de tener mariposas en el estómago. ¿Qué hacer entonces? La respuesta nos la brinda a continuación la Programación Neurolingüística

Son infinitas las formas en que puedes llegar al corazón de tu "príncipe azul" o tu "bella damisela".

PNL en el amor

Aunque algunas veces cupido hace su trabajo y se da lo que llamamos "amor a primera vista"; también son muchas las ocasiones en que para que el amor nazca debemos esforzarnos un poco.

Existe un dicho que dice "no hay segunda oportunidad para una primera impresión". Eso es totalmente cierto. Y es lo que debemos cuidar para empezar siempre con buen pie. Esta primera impresión puede entrar por cualquiera de nuestros cinco sentidos (la visión, la audición, el tacto y aunque suene extraño el gusto o el olfato); siempre dependerá de las circunstancias en las que te encuentres y si procesas la información de forma visual, auditiva o kinestésica. Si entiendes esto, podrás ayudarte en el arte de la seducción y el "sex appeal", desde diferentes puntos de vista dependiendo de qué aspecto sensorial predomine en el cerebro de tu objetivo amoroso.

❖ Amor visual

En circunstancias en que la persona que deseas conquistar es predominantemente visual, debes cuidar tu aspecto físico, con esto me refiero a tu peinado, tu piel, las uñas, tu higiene en general y por supuesto tu forma de vestir. Cualquiera que sea tu vestimenta debe ser limpia, y respetando tu estilo para que empieces de forma sincera y sintiéndote cómodo contigo mismo.

¿Cómo saber si una persona es visual?

La persona visual percibe el mundo principalmente por medio de sus ojos, estará muy pendiente por como luces y siempre tendrá en cuenta tu imagen para decidir si emparejarse o no contigo.

Para verificar que una persona es visual, debes prestarle mucha atención a sus ojos, ellos se mueven constantemente de un lado a otro, no de una forma neurótica, más bien sería como si escaneara el ambiente con ellos. También podrás escucharla hablar y diciendo frases como; "ver para creer", o "te ves bien", o "esto luce fantástico", o "te estaré observando", o "ya veremos". A las personas visuales les resulta mucho más fácil recordar imágenes por lo que suelen tomar nota como un apoyo y generalmente necesitan silencio para obtener mayor concentración.

Para impactar amorosamente en una persona visual, debes estimular el uso de su vista siendo un tanto gestual con tus manos al momento de hablarles (esto sin exagerar); mediante cartas de amor, preferiblemente escritas de tu puño y letra y cuidando de la ortografía; regalos de prendas de vestir, y decorando siempre el ambiente en donde se encuentren, con velas, cuadros, portarretratos o flores; también puedes llevarla al mar, al parque, a un bosque o un museo.

❖ Amor auditivo

Si la persona a la que pretendes es auditiva, debes tener cuidado en cómo te expresas verbalmente. Esta clase de individuos permanecen de forma innata atentos constantemente a lo que escuchan en el ambiente que se encuentren.

Siempre que converses con una persona auditiva debes ser cuidadoso en no decir palabras obscenas o inapropiadas, esto prácticamente "maltrata sus oídos", es por eso que te recomiendo que antes de equivocarte una y otra vez, hables de forma pausada para que sepas lo que vas a decir.

¿Cómo identificar a una persona auditiva?

Cuando escuches hablar a un auditivo mencionara frases como "estoy escuchando tu propuesta", o "eso suena bien", o "quisiera oír una segunda opinión", o "soy todo oídos". A parte de eso, el auditivo suele expresar en vos alta lo que está pensando o habla consigo mismo, haciendo una especie de monologo; aparte de eso tiene muy buena capacidad para memorizar lo que le dices verbalmente, en la mayoría de las ocasiones estas personas son músicos.

Si quieres calar en una persona auditiva, debes incluir el uso de sus oídos creándole gratas experiencias. Por ejemplo; dile cosas bonitas al oído, dedícale canciones o mejor aún cántaselas tú mismo, procura ambientar sus espacios con música, envíale notas de vos o llévala a conciertos musicales. Cada vez que les hables modula tu tono de vos para que tus palabras "acaricien sus oídos", y si le estás leyendo un texto, no omitas el uso de los signos de puntuación, exclamación o interrogación.

❖ Amor Kinestésico

Una persona kinestésica es aquella que percibe el mundo siempre en primera persona, no le gusta que le cuenten las cosas, prefiere vivirlas personalmente. Estos individuos, a pesar de ser muy tranquilos, sienten un gusto esencial por las emociones y por todo aquello relacionado con las cosas físicas o manuales, son muy espontáneos y les encanta comer y oler todo.

¿Cómo reconocer a una persona Kinestésica?

Un kinestésico siempre anda tocando todo, le encanta abrazar, son muy sentimentales y cuando habla dice frases tales como; "Tengo un presentimiento", o "eso fue muy emocionante", o "me siento comodo con eso", o "esto no huele bien".

Enamorar a un kinestésico puede ser tan fácil como difícil, esto se debe a que son personas muy emocionales, puedes robarte su corazón con un acto de amor y segundos después estropearlo todo. Sin embargo no nos preocupemos más de lo necesario por esto ya que el sendero del amor nunca ha sido fácil.

Para conquistar a un kinestésico solo debes darle agradables experiencias en cuanto al tacto, el gusto o el olor. Abrázala mucho, llévala a hacer manualidades juntos, ambienta sus espacios con flores, esencias y aromatizantes. La mejor forma de complacer a un kinestésico es preparándole un ambiente de luz tenue, inciensos de olores dulces y suaves, una música romántica de fondo, un chocolate para comer y un buen masaje con aceites caliente. Eso causara una "explosión sensorial" en su mente dándole el más agradable de los recuerdos en donde tú siempre estarás presente como el o la protagonista.

Estas clasificaciones que acabo de mencionarles son la conclusión científica de años de estudios de Programación

Neuro Lingüística o PNL como se le conoce comúnmente, ciencia que estudia la forma en que cada individuo percibe el mundo de acuerdo al sentido que predomine en su cerebro.

Cuando te doy todos estos tips, no pretendo en ningún momento decirte que debes convertirte en un robot, y por ello, solo pases el tiempo tratando de descifrar que clase de persona es la que estas enamorando. Definitivamente ¡no! El amor es para vivirlo y disfrutarlo; es para sentir la experiencia y junto a la persona que se "robó tu corazón"; por lo tanto, fluye con el momento. Siempre debes procurar ser tú, pero sacando la mejor versión de ti mismo; no esa de la que alguien se enamoraría, si no con la que te sientes cómodo y orgulloso de quien eres, eso es lo verdaderamente importante.

A pesar de todos estos consejos, la victoria no es inminente ya que el fracaso nunca deja de ser una posibilidad, pero si aumentas tus oportunidades de tener éxito en la conquista; entonces terminamos preguntándonos ¿Qué tienen los demás que no tengo yo?

"Proporción áurea" o "Divina proporción"

En la antigüedad, el filósofo Platón, desarrollo una fórmula matemática llamada "número áureo" o "número divino", este establece una proporción en la ubicación de algunos rasgos faciales y así determina la belleza de una persona. Esta proporción nos dice, que es lo que busca el cerebro humano en un rostro para catalogar a ese individuo como atractivo, fértil y sexy. Estas tres últimas son las principales características que el ser humano busca en una pareja para establecer una familia.

La ciencia del sex appeal, se ha dedicado a estudiar las diferencias y los factores que inciden en la escogencia de una pareja u otra. Dichos estudios han arrojado resultados interesantes, sobre cómo funciona el cerebro humano cuando se enfrenta a circunstancias relacionadas a la búsqueda de su compañero o compañera de vida.

El punto importante para ti en todo esto, radica en saber que busca tu prospecto en el amor, para de esa forma ir un paso adelante y convertirte en el candidato ideal para él o ella.

El sexo

Aportes científicos

Dinero, religión y sexo; son tres temas muy delicados para tratar, todos ellos son motivos de discusión permanente en la mayoría de las sociedades actuales, a través de la historia estos temas han sido causantes de peleas, muertes, incluso guerras como aun sucede en la actualidad. Pero solo uno de ellos ha sido motivo de creación de vidas y ese es el sexo, a diferencia del dinero y la religión, el sexo tiene una procedencia totalmente natural, viene incrustado en nuestro código genético desde el mismo momento en que somos concebidos, de no ser así, la raza humana no habría subsistido hasta el día de hoy.

El sexo es un plato exquisito que es degustado por el paladar del alma. Siempre considerado como un buen ejercicio. En su práctica nos cansamos, sudamos y quemamos calorías. Liberamos oxitocína, llamada la "hormona del amor" que induce al pensamiento positivo y la buena comunicación, también aumenta el riego sanguíneo y la oxigenación pulmonar, así como la producción de las famosas endorfinas, y muchas otras hormonas que mejoran el estado de ánimo. Al sabernos deseados nuestro libido sube y el autoestima se va por las nubes además de aumentar nuestra seguridad como individuos.

Intenciones en el sexo

Cuando de sexo se trata, el ser humano tiene tres intenciones básicas.

- Expresivo
- Reproductivo
- Placentero

Sexo expresivo

Todas las personas que en algún momento se enamoraron profundamente de su pareja, estarán de acuerdo conmigo en que, con decir simplemente "te amo", no logramos obtener la satisfacción plena de hacerle saber a esa persona todo lo que sentimos por ella.

Es por eso que la mejor forma de expresarle nuestro amor, termina siendo entregándonos mutuamente "en cuerpo y alma". Este acto viene acompañado de mucho sentimentalismo, ternura, pasión y sobre todo muchas caricias; pues aunque no lo creas, el sexo no siempre contiene tanto contacto físico como muchos piensan.

Le denomino sexo expresivo, porque su principal finalidad, es comunicarle a esa persona cuan especial es para nosotros, en algunas ocasiones, terminamos derramando unas pocas lagrimas por la gran carga emocional que este conlleva, y la alegría de estar junto a la persona que valoramos, amamos y respetamos, además de la reciprocidad que obtenemos a cambio.

El sexo expresivo resulta ser el más provechoso en cuanto al amor se refiere, puesto que mediante caricias, palabras seductoras y mucho romance, el vínculo amoroso en la pareja se ve reforzado intensamente. Este tipo de sexo generalmente se desarrolla con la práctica del "sexo tantra". Este último nació a través de técnicas milenarias hindúes que nos conducen a experimentar y brindar placer sin llegar al clímax. Gracias a esto, las relaciones amorosas, y el lazo afectivo que nos une como pareja, van creciendo a medida que esa persona nos otorga experiencias gratas en las que podemos crear recuerdos felices sintiéndonos amados y respetados.

Sexo reproductivo

En este, el acto sexual para ser una necesidad básica del ser humano, tal como lo explica el ciclo de la vida; nacemos, crecemos, nos reproducimos y morimos. Estas son las etapas de cualquier ser viviente en el universo, pero, si no nos reproducimos, ese ciclo se vería bruscamente interrumpido, al igual que la vida misma en el planeta. Dicha necesidad suele llegar a nuestras vidas en promedio entre los 25 y 35 años de edad, es por ello que muchas parejas tienen sexo con la intención principalmente de conseguir un embarazo.

El sexo con fines reproductivos suele ser premeditado, eso no implica que no sea placentero, pero en muchas ocasiones estos encuentros son planificados para que la unión del espermatozoide con el ovulo se propicie en los días más fértiles de la mujer. También suelen practicarse algunas posiciones o movimientos que son propicias para aumentar las posibilidades de fecundación del ovulo.

Lo más importante de todo esto, reside en que el sexo con fines reproductivos, mantiene vigente el ciclo de la vida en el planeta y trae nuevos integrantes a la familia, que en la mayoría de las ocasiones refuerzan los nexos ya establecidos.

Sexo placentero

Tú debes estar leyendo en este momento y preguntándote; ¿sexo placentero?; eso es algo redundante. En cierta forma si, sin embargo en esta ocasión nos referimos al motivo principal por el que se practica el sexo.

Para algunas personas esto podría sonar como algo frio, calculador, banal e incluso anti natural. A pesar de todo es una realidad, y es mucho más positivo de lo que la mayoría de las personas creen. Tener sexo únicamente en busca de placer sirve de terapia física, mental y espiritual, ya que nos ayuda a mejorar la textura de la piel y el cabello, además de que relaja nuestras mentes. Todo esto aparte de muchas otras propiedades que ya mencionamos al inicio de este capítulo.

El sexo por placer puede ser un arma de doble filo si no estamos casados o tenemos un compromiso estable con la persona con la cual lo practicamos; en ambos casos, deberíamos aclarar los términos de dicho encuentro, y a pesar de que lleguemos a establecer términos y condiciones por escrito, de forma consensual de ambas partes, siempre está latente el riesgo de terminar enamorándonos o estableciendo un lazo afectivo con esa persona. Recuerden que el sexo conforma al menos una tercera parte en cuanto a la importancia de cualquier relación amorosa, esto por el contacto y la entrega que se hace presente en situaciones como esta.

Un ejemplo claro de sexo por placer lo podemos encontrar en la popular saga de las *"50 Sombras de Grey" de la escritora E. L. James,* esta historia nos pone en perspectiva la vida de un hombre que tenía "sexo fuerte" o sado masoquista, todo controlado por un contrato previo, pero siempre con el fin de dar placer a su "sumisa". Este tema puede que para algunos resulte perturbador, y aunque se cree que esto se debe a patologías o trastornos neurológicos por un pasado con problemas en el desarrollo de su sexualidad como individuos, esto no siempre es así. Pero, si sabemos mantenernos al margen que divide las caricias fuertes de los maltratos, podremos aportar innovación y momentos placenteros a la intimidad con nuestras parejas.

Pornografía

Cuando nos referimos al sexo por placer muchos lo asocian con la pornografía, y a pesar de lo ilustrativo que esta puede llegar a ser, nunca debe tomarse como una guía o referencia de lo que debería suceder en una vida sexualmente activa.

La pornografía trae consigo una serie de mitos, mentiras y estereotipos físicos que terminan por sembrar ilusiones, frustraciones y desilusiones al espectador.

Hombres con el cuerpo igual o más tonificados que el del "David" esculpido por Miguel ángel, pero con penes desproporcionalmente más grandes, teniendo sexo con mujeres de cuerpos similares a la silueta de un reloj de arena, con senos de tallas astronómicas; todo esto durante treinta o cuarenta y cinco minutos "seguidos", y eyaculaciones que tardan el mismo tiempo en aparecer…

Si llegas a casa posteriormente de ver una de esas historias, y ves a tu pareja toda desaliñada, y con al menos cinco centímetros más de grasa en su abdomen, tu cerebro inmediatamente empieza a comparar, tu libido se irá en picada. A pesar de eso, lo intentas casi a ojos cerrados, recordando aquellas imágenes, pero gracias a tu entusiasmo te lleva solo cinco minutos llegar al clímax. Tu estas ahí, pero tú mente no, se pierde la conexión. Aquello fue solo una película, una historia, pero tú quisiste reproducirla, sin embargo la realidad te arrolló. La persona que encontraste en casa no se parece en nada a la de esa historia, la fantasía sigue allí en tu mente, no sabes donde esta esa persona que buscas, pero estás seguro de que la que vive contigo no es. Ese es el momento en que sales a la calle, decepcionado(a) a buscar a esa persona casi irreal, allí comienza una de las causas de la infidelidad pero más adelante ahondaremos en ese tema detalladamente.

Lo verdaderamente importante de todo esto es, no comparar ni crearte falsas expectativas, separar la ficción de la realidad; el sexo es para vivirlo, para disfrutarlo a plenitud, sin necesidad de imitar escenas totalmente preparadas y editadas. No digo que te abstengas de ver pornografía, pero intenta hacerlo en compañía de tu pareja (solo si ella este de acuerdo). En la intimidad de una pareja todo es válido siempre y cuando sea de mutuo consentimiento y no genere secuelas físicas o psicológicas a corto, mediano o largo plazo para ninguno de los dos.

Fantasías y tabúes

Nuestra sociedad está contaminada y llena de miedos, llena de creencias que no nos permiten ser libres en cuanto a nuestra sexualidad.Vivimos en una permanente "cacería de brujas", en cuanto alguno de nosotros hace algo que para la sociedad no es moralmente aceptado, el resto prepara el gatillo y disparan con todo el rechazo posible, juzgan, tildan y lo señalan como locos, pervertidos o depravados sexuales. Por eso en cuanto a ideas nuevas muchos lo piensan dos y tres veces, pocos se atreven, y son menos aun los que se aventuran a contarlo.

Dijo una vez el famoso integrante de los Beatles, John Lennon "Estamos en una sociedad en la cual nos escondemos para hacer el amor mientras la violencia se practica a plena luz del día". Eso no tiene sentido, nos escondemos mientras creamos vida y no nos da vergüenza terminar con una. Para hacer un cambio social debemos ir a la raíz del problema, la mente, allí comienza y termina todo; debemos deshacernos de todas esas costumbres, ideologías y dogmas erróneos; es tanta nuestra paranoia como sociedad que nos avergonzamos y castigamos a un niño de un año de edad por tocarse su pene. El miedo gobierna nuestras mentes. ¿Qué malicia o perversidad puede tener un niño de un año? Sus acciones forman parte de la exploración y el reconocimiento de las partes de su cuerpo, nuestra sexualidad empieza a desarrollarse usualmente después de los 12 años de edad, al menos en el caso del hombre; pero lo que sucede es que cada ladrón juzga por su condición, La sociedad es cruel, ella desconoce y por eso teme y censura, prefiere disparar y después preguntar. Cuando desconocemos y no nos preparamos sobre el tema transmitimos miedos y conceptos equivocados a nuestros hijos, allí lanzamos la semilla de la ignorancia, esa ignorancia nociva que nos hace creer que tenemos la razón y no nos permite cuestionar, con eso renovamos el ciclo y las siguientes generaciones crecen en medio de tabúes.

Para resolver trastornos y problemas psicológicos de nuestra vida sexual debemos asistir a terapias psicológicas o psiquiátricas, si queremos tener un futuro sexualmente prometedor debemos solucionar los problemas de nuestro pasado y nuestras creencias; "sacar la basura" para hacer espacio nuevo. Piénsalo, ¿qué tan lejos puedes llegar en tu vehículo con un neumático desinflado?, es por eso que parafraseo a mi admirada Dra. La psicóloga, sexóloga y terapeuta familiar Nancy Álvarez, cuando dice, "si cuando tienes una pierna fracturada vas al traumatólogo, ¿Por qué no vas al psicólogo cuando tienes un problema psicológico?"; claro, yo si podría contestar esa pregunta. Porque una visita al psicólogo o al psiquiatra, socialmente es sinónimo de estar loco, y por evitar que la gente nos señale o se burlen preferimos esperar una sanación milagrosa. La falta de una voz experta que nos oriente, es la causa de la mayoría de los suicidios en el mundo; pero no todo está perdido, nunca es tarde para empezar a hacer las cosas bien.

Sexo en el futuro

El sexo mueve el mundo, es una realidad, está en todas partes, en la radio, en la tv, en la música, y mientras siga siendo una actividad tan placentera seguirá siendo el foco central del marketing mundial, seguirá en el ojo del huracán.

En los últimos cuarenta años se han conseguido avances, se han hecho descubrimientos y se han escrito tantos libros en base al sexo como no se pudo hacer en los últimos dos milenios. Debemos convertirnos en estudiosos permanentes y abrir nuestras mentes. Como dijo en una oportunidad Albert Einstein "La mente es muy similar a un paracaídas, si no la abres no sirve de nada", por eso, te invito a leer artículos de investigación y libros de auto ayuda antes que preguntarle a un amigo sobre tus dudas al respecto. El libro no te cuestiona, solo te da respuestas, así, cada vez tendrás más herramientas para ser un mejor amante.

Finalmente quiero recalcar que no importa si eres recatado o atrevido, swinger o monógamo, joven o adulto contemporáneo, tampoco tu inclinación sexual, siempre debes buscar a innovar, porque en el sexo como en la relación de pareja, vivimos día a día una constante lucha contra la monotonía, y si aprendes a practicar el sexo tantra, tu vida sexual en pareja podría acompañarte hasta los últimos días de tu vida, esto se debe a que el fin del sexo no es la eyaculación si no el orgasmo, y el sexo tantra te ayuda a separar ambos hechos para que al final el placer venga de la mano de las caricias y la entrega de amor mutuo.

Fusionando vidas

Hábitos

Aquí les va un dato curioso. En el medio oriente sostienen la creencia de que "el amor nace en la convivencia", es por ello que en sus culturas, es muy común hacer matrimonios arreglados entre familias, en donde los cónyuges no sienten atracción alguna el uno por el otro, ellos empiezan a conocerse realmente a partir del día en que se casan. Es en ese punto donde el aspecto físico pasa a un segundo plano, pues ciertamente no les queda de otra que acoplarse a los hábitos y costumbres de su pareja esperando la reciprocidad que se merece. En estas ceremonias el amor es el gran ausente, solo el afecto que se den el uno al otro con el paso del tiempo podrá dar paso que surja de la forma más natural posible. Para la comunidad occidental en general esto es visto como un tabú, una locura, algo totalmente descabellado, pero el hecho de aprender a adaptarse y no esperar que el otro cambie, es algo que todos deberíamos adoptar en nuestras relaciones.

Después de criar un hijo, la convivencia en pareja es la tarea más compleja que podemos llevar a cabo, después de todo, esa persona con la que intentamos hacer una familia ha convivido con diferentes familiares, diferentes amistades, diferentes comunidades, y en algunas circunstancias diferentes climas, culturas, creencias e idiomas. Es aquí donde radica la importancia del noviazgo, conocer los hábitos de tu pareja te ayudaran a saber en qué terreno empezaras a echar tus raíces, nadie quiere andar por la vida perdiendo el tiempo.

¿Qué tipo de comida prefiere?, ¿le gusta viajar?, ¿practica algún deporte? ¿Le gusta ahorrar o prefiere invertir?, todos estos criterios deben quedar claros para evitar sorpresas o malos entendidos con el paso del tiempo, siempre procurando evitar la rigidez, intentando siempre ser flexibles para finalmente llegar a un punto medio.

Llega un momento en la relación, en que sientes una conexión tan fuerte, y el grado de seguridad necesaria como para formalizar el vínculo llevándolo al siguiente nivel, en el cual decides presentar a familiares y amigos a esa persona especial para ti y hacer de esa relación algo público.

Familiares y amigos

Siempre he dicho que la sociedad y las familias insertan en nuestra mente, (como quien inserta un chip electrónico en una computadora), esa necesidad de ser aceptados, debido a esto, este paso tiende a ser cuesta arriba para muchos de nosotros, todo depende de la rigidez y la personalidad de los sujetos que realmente ejercen una influencia significativa en nosotros, tales como, padres, hermanos mayores, abuelos, padrinos o mejores amigos.

A nadie le agrada el rechazo o la exclusión, son pocas las personas que pueden tomar este paso con irreverencia y tranquilidad; pues si bien es cierto, al aceptar a alguien en tu vida, debes aceptar lo que yo llamo "el combo completo"; que son todas aquellas personas que compartían el día a día con tu pareja antes de que tu aparecieras en su vida. Sin embargo, el propósito de este anuncio debe ser meramente informativo sobre una decisión que tomaste y no una solicitud de aprobación. Probablemente si tienes hijos habrás fruncido el ceño después de leer lo que acabo de decir, pero es hora de ponerlo en contexto.

¿Cuáles son las objeciones más comunes de parte de los padres para con las parejas de sus hijos o hijas?

- Creo que ese chico no tiene buenas intenciones
- Esa chica no te conviene
- No me gusta ese chico para ti
- Creo que te mereces a alguien mejor

¿En alguna ocasión has escuchado esas frases?, o mejor aún, ¿en algún momento las dijiste tú? No es hora de mentirse a sí mismo, es una pregunta para analizar y responder intrínsecamente. Lamentablemente estos casos son más comunes de lo que crees, pero por un instante piensa en lo siguiente.

Los padres somos por naturaleza, un medio para que nuestros hijos vengan al mundo, y una guía para ayudarlos a conseguir sus propios logros, pero cuando ellos vienen a nosotros en busca de consejos o respuestas deberíamos responder como lo hacía el sabio "Buda" a sus discípulos. "¡No creas lo que te digo! Esa es mi experiencia, pero en el momento en que te la cuento se vuelve falsa porque para ti no es una experiencia. Escúchame pero no me creas. Experimenta, pregunta, busca. A menos que tú mismo conozcas, tu conocimiento no sirve; es peligroso. Un conocimiento prestado es una barrera para tu crecimiento personal". Siendo así, ¿por qué interferir en sus decisiones personales? además, si tu hijo o hija después de 18 años de vida no sabe escoger a su pareja, es demasiado tarde para enseñarle. Ya es hora de lanzarlo del nido, la caída en picada sacara los mejor de sí y lo ayudara a emprender su vuelo por la vida. Después de todo los padres son guías y no muletas, créeme cuando que te lo digo con las mejores intenciones.

Ya en el caso de las amistades y personas allegadas, debemos tomar solo los comentarios y críticas constructivas, esto no significa que nos volvamos obstinados y sordos ante el mundo, pero si, que no nos tomemos ninguna crítica como personal, a final de cuentas son solo puntos de vistas diferentes al tuyo, en las decisiones de tu vida todos tienen voz, pero el único voto lo tienes tú.

Construyendo la burbuja

Como yo lo dije anteriormente, en el momento en que entablas una relación amorosa, un 90% de las personas que te rodean empiezan a brindarte consejos y darte opiniones sobre lo que ellos piensan acerca de tu media naranja y sobre lo que deberías hacer al respecto, lo más insólito es que 9 de cada 10 consejeros no han tenido éxito en el plano amoroso, solo basan sus hipótesis en fracasos propios o ajenos, intentando evitarte esos amargos momentos. Eso sería tan absurdo como que yo te recomendara no caminar por la quinta avenida porque ayer un carro de color negro arrolló a una persona que caminaba por allí; o que te recomiende no subir a edificios o aviones recordando lo que sucedió con las torres gemelas. Cohibirte a tener tus propias experiencias es algo tonto.

Debido a toda esta paranoia en el amor y a todas estas personas que creen tener la verdad absoluta, yo te diría "crea tu propia burbuja", pero una burbuja de acero impenetrable.

Con esto me refiero a hacer un pacto de prioridad, confianza y privacidad con tu ser amado. Por ejemplo

1. Cuando tengas algún problema, antes de tratar de resolverlo con un tercero, dale la prioridad a tu pareja, y así podrás oír sus posibles soluciones o recomendaciones; a fin de cuenta, ustedes son los principales afectados. No con esto digo que no puedas conversar de tus problemas con tu abuelo, tu mama o un buen amigo, pero la última decisión debe tomarse en pareja.

2. Si en algún momento llegan a ti, cuentos o chismes relacionado con tu media naranja, antes de hacer conjeturas y sacar conclusiones apresuradas, pregúntale a ella sobre el tema y escucha lo que tiene que decirte al respecto; no supongas nada antes de eso, recuerda que no hay pregunta tonta si no tonto que no pregunta.

3. Lo que se hace en casa queda en casa; procura no contar intimidades o secretos de la pareja a amistades o familiares. Ese es el espacio de ustedes dos y nadie más. La única excepción a la regla seria si está siendo afectada la integridad física, emocional o psicológica de alguno de los que habitan en tu hogar.

Cuando empezamos a vivir en pareja y bajo el mismo techo, lo más sano es resolver diatribas, conflictos y dudas únicamente entre ambos, en todo caso podrías conversarlo con un profesional en la materia, como por ejemplo un terapeuta familiar, después de todo, para eso hizo estudios durante años. No necesitamos opiniones o sugerencias equivocas o incluso cargadas de envidia que podrían sacar la relación del camino correcto.

Ahora quisiera regalarles tres tips muy útiles para resolver problemas y que podrán llevarlos a un buen término sin mayores consecuencias.

1. Si tienen que discutir algún problema en pareja, háganlo completamente acostados en la cama. Si colocan sus cuerpos totalmente en posición horizontal, la sangre se distribuirá de manera uniforme por todo el cuerpo, y así, sus mentes estarán más claras y con mayor oxigenación cerebral, esto permitirá a sus mentes hallar soluciones con mayor facilidad.

2. Darte una buena ducha, especialmente con agua fría antes de platicar siempre ayudará. El agua por si sola está cargada de iones negativos, irónicamente, estos son positivos o beneficiosos para el ser humano, ellos te brindaran una sensación de paz y tranquilidad.

3. Evita a toda costa sarcasmos, gritos o comparaciones. El sarcasmo suele ser irritante y solo hace que la comunicación entre ambos sea confusa, los gritos, al contrario de darte la razón le restan credibilidad a tu mensaje e incitan a la violencia, y las comparaciones tienden a ser ofensivas.

La convivencia

El verdadero desafío de la convivencia en pareja está en saber que ambos son responsables el uno por el otro, y que ahora tu pareja será tu familia, siempre recordando que no hay recompensas sin sacrificios. Para que una relación resista el paso del tiempo, amarse no es suficiente, es por eso que el trabajo del hogar debe hacerse en equipo.

Compartirse las responsabilidades, es una de las formas de reforzar los lazos y hacer más llevadero el mantenimiento del hogar. Hombres, recuérdenlo, el machismo no genera un equilibrio idóneo para la convivencia, por eso, despiértenla con el desayuno en la cama de vez en cuando; tumbar el polvo de la casa no nos hará menos hombre. En cuanto a las damas, siempre es bueno un segundo ingreso de dinero al hogar, trabajar te permitirá realizarte como persona y ayudarlo a él en la carga financiera del hogar, además de eso, piensen siempre que "la mujer hace al hombre"; atenderlo para que su apariencia sea siempre la mejor proyectara una buena imagen en cuanto a ti como mujer.

Hacer más llevadero el día a día colaborándose mutuamente y poniendo las cuatro manos a la obra, contribuirá a que llegar a casa sea un placer y no una tortura. A fin de cuentas la convivencia es el inicio de una hermosa etapa, donde la aceptación, la adaptación y la ayuda mutua no pueden faltar.

Adiós a la soltería

Soltero, una palabra de que define un estado civil pero que generalmente la sociedad usa con un concepto erróneo. Cuando las personas suelen decir que están solteras, lo hacen con la intención de decir que son "libres", que "pueden hacer lo que quieran" y no tienen compromiso alguno; eso les brinda una sensación de satisfacción, pero al mismo tiempo, le otorga un significado casi macabro al matrimonio. Si el matrimonio es lo que deroga la soltería, entonces damos por entendido que al casarnos mutilamos nuestra libertad y estamos sujetos a hacer solo lo que nos digan. Pero nada más distorsionado de la realidad.

Desde un punto de vista no tan literal, la soltería termina desde el mismo momento en que te comprometes con una persona, y no me estoy refiriendo al acto de entregar el anillo y pedir matrimonio a tu pareja; estoy hablando de ese momento en el que sabes que inicia el noviazgo. Es en ese momento donde debes ir poco a poco haciendo cambios de mentalidad, desde allí inicia el pacto de respeto, y cuando digo respeto también me refiero a la comprensión, la tolerancia y la honestidad. ¿Por qué esperar a casarse para ser leales? El matrimonio no es obligatorio, y muchas parejas son felices sin pasar por esa ceremonia protocolar.

Si empezamos a darle su puesto al noviazgo, el matrimonio tomará una mejor posición en la sociedad, al dejar atrás la forma en que pensamos y nos expresamos con chistes sexistas y de mal gusto, comenzaremos a ver cambios en nuestras realidades, es la única forma de sacar de nuestras mentes el concepto, de que el matrimonio es ese lapso de tiempo en el que todo es aburrido y rutinario.

Esposos = Novios

El matrimonio

El matrimonio es un paso en nuestras vidas que viene cargado de formalismos, compromisos legales y/o religiosos, sin contar el cumulo de emociones encontradas. Esta ceremonia se dio paso por primera vez en los inicios de la época del imperio romano; como les comenté al inicio de este libro, la mujer veía al hombre solo como un requisito obligatorio para poder procrear; por parte del hombre, él no quería compromiso alguno, amaba su libertinaje; pero llego un momento en su vida en la que se percató de que los ingresos de toda su vida y los bienes obtenidos con el esfuerzo de su trabajo, al momento posterior de su muerte pasaban a ser del emperador. Fue a partir de ese momento que se inició la figura del matrimonio civil, con ella el estado le aseguraba al padre, que dejaría en herencia legal la mitad de los bienes obtenidos a su esposa, y aunado a eso se inició el patriarcado, en este, el hombre reconocía formalmente a sus descendientes, otorgándoles su apellido y el derecho legítimo de recibir todos sus bienes en una cuota proporcional para cada uno de ellos en caso de ser más de uno, todo esto por supuesto, posterior a la muerte del padre.

Algunas personas son rehacías al matrimonio, esto se debe a una mal interpretación del mismo; estas personas en realidad tienen miedo al compromiso, ese mal concepto del que ya les hable, todo esto los vuelve inseguros, temen dar un "si" para siempre. Sin embargo el matrimonio es solo un paso en nuestras vidas en el que hacemos saber al estado y la sociedad en general nuestras intenciones de formar una familia, aprovechando los derechos y asumiendo los deberes que dicho acto conlleva, no es algo para aterrarse.

El matrimonio eclesiástico, nace igualmente en épocas del imperio romano por medio de la iglesia cristiana en la que esta, buscaba asumir un papel protagónico en las familias, ofreciendo la bendición de Dios por medio de "sus representantes aquí en la tierra".

Sea por tradición o por necesidades legales, el matrimonio viene acompañado una serie de retos que debemos afrontar; es como una carrera de obstáculos que debes cruzar tomado de la mano con la persona de la que estás enamorado. ¿No debería ser tan complicado viéndolo desde este punto de vista cierto?

La eterna conquista

Cuando digo, "Esposos = Novios", se debe a que los cambio más significativos después del matrimonio terminan reflejándose en tu cedula o ID, además de que ganas o pierdes un apellido; los cambios obligatorios son solo en el ámbito legal, en cuanto a deberes y derechos; pero fuera de eso todo debería ser igual. Los esposos deben ser novios y amantes eternamente. (Me refiero a amantes en el mejor sentido de la palabra).

Cuando nos casamos, adoptamos de inmediatamente patrones de pensamiento equivocados que nos conducen a comportamientos erróneos, primero que nada debemos desechar algunas creencias y mitos que perjudican la relación. A continuación les presento algunos de ellos.

-"Ya no es necesario enamorarlo"

Este es uno de los pensamientos más nocivos para la relación, los detalles jamás deben dejar de estar presentes para con tu ser amado, piensa en que cada detalle renovara el amor que en principio los unió. Las sorpresas agradables de forma constantes y sin motivo alguno mantendrán una sonrisa permanente en ambos.

-"Ya nos casamos, ya es mía"

Recuerda que el matrimonio es un acto de compromiso y no un contrato de compra – venta de personas; esa expresión tonta que dice "el que cela es por que ama", solo se excusa con una frase tonta para ocultar una inseguridad.

Los celos, en pequeñas dosis y en contadas ocasiones quizás pueden ser vistos como algo sexy, puesto a que la otra persona te cuida, pero son muy contadas esas ocasiones. Solo debes cuidarte de la paranoia y las escenas de celos. Si hay algo de lo que puedes estar seguro es que el amor es sinónimo de libertad.

-"No es necesario contarle todo"

Este es uno de los mitos que más puede socavar la confianza en la relación amorosa. Cuando simbolizamos a los cónyuges con 2 piezas de rompecabezas, dos mitades de un corazón, o decimos que son almas gemelas, nos referimos a que ambos se complementan para ser uno solo. No pueden haber espacios para secretos si queremos compañía de por vida. ¿Quisieras que tu media naranja te ocultara cosas importantes? Creo conocer tu respuesta, pero ¡ojo!; no con esto te digo que está prohibido tener un espacio íntimo como individuo que eres, siendo así, tampoco se necesita un IQ de 100 para saber diferenciar qué debemos contarle a la pareja y que no.

Lo que queremos evitar a toda costa, es crear un sentimiento que ha separado a millones de matrimonios, ha quebrado cientos de bancos y ha puesto a temblar a docenas de gobiernos alrededor del mundo; ese sentimiento es la desconfianza. El hecho de que tu pareja o tú se enteren de algo por medio de un tercero, cuando en realidad debiste haber sido tu quien le contara es de muy mal gusto.

Has de tu relación un rio de agua cristalina y reserva intacta "la burbuja" que preservara el amor.

Analfabetismo emocional

El analfabetismo emocional es un término de la doctrina psicológica que nos indica que una persona carece de la capacidad para manejar correctamente sus emociones y las de otras personas, todo esto implica la imposibilidad para comprender, aceptar, explicar y cambiar las emociones. Mientras crecemos, la sociedad nos incentiva de manera inconsciente a desarrollar de forma predominante el hemisferio izquierdo del cerebro donde predominan la lógica, los cálculos matemáticos y el razonamiento, esto por medio de la crianza en el hogar, el sistema educativo obsoleto que se aplica en la actualidad y las creencias sociales e igualmente obsoletas. Estereotipos errados como quienes aún dicen que "los hombres no lloran", o "las mujeres son el sexo débil"; son lo que nos hacen herméticamente emocionales.

Como siempre he dicho, "para que un loco se rehabilite es necesario que este tome conciencia sobre su locura".

Es por eso que debemos tomar conciencia y aceptar que en nuestro interior yace un problema, ese problema nos convierte en egoístas debido a que no nos permite ponernos en los zapatos de los demás.

Todas las relaciones que mantengas con algún ser vivo debes manejarla como si fueran un jardín; debes cultivarlas, atenderlas, además de limpiarlas constantemente; familiares, amistades y parejas; todas requieren de gestos de cariño y esa energía maravillosa que irradia el amor. Cada detalle o gesto, cada manifestación de comprensión y afecto, entrelazaran un hilo más en ese cable que sostiene la relación. Frases como, te quiero mucho, aprecio mucho lo que haces por mí, eres la mejor en lo que haces, te admiro, me agrada mucho tu compañía; siempre harán la diferencia, ten presente que las cosas más valiosas que podemos regalar en la vida no se pueden comprar con dinero.

Vamos a desmentir esos mitos que son tan conocidos como nocivos para que tu relación de pareja funcione con la menor cantidad de percances posibles.

Hombres: - "Yo compro la comida, pago los servicios y le compro ropa. Le doy todo, no tiene por qué quejarse"

Si bien es cierto, es el hombre el que generalmente se hace cargo de las finanzas y la estabilidad económica de la familia, pero, citando una frase bíblica, "No solo de pan vive el hombre"; abrazos y besos sin ningún motivo en particular, sexo a cualquier hora, o una salida a cenar juntos al menos una vez por semana, le recordaran a tu mujer lo mucho que la amas y que valoras lo que hace por ti, si ella quisiera trabajar solo para costear su necesidades, dejaría de ser tu pareja y pasaría a ser tu doméstica; mucho más que tu dinero, ella necesita es de tu cariño.

Mujeres:- "Estoy en mis días, el debería entender y no molestarme"

No hay motivos para negar que a las damas "en esos" días las cosas no se le dan tan bien como en otros, el dolor y el malestar son muy fuertes, para unas más que para otras; pero ponte en los zapatos de él. Obviamente tu desempeño sexual y sentimental se ven afectados, pero, altanerías o comportamientos bélicos solo te dejaran como resultado una mala hierba en tu jardín amoroso, la cual deberás arrancar posterior a cada ciclo menstrual disculpándote por tus actos.

Hombre: - "¿Lavar, planchar, cocinar, atender al niño?, que lo haga mi mujer, para eso me case, de lo contrario me habría permanecido solo"

Lo cortés no quita lo valiente amigo mío, debes tener en cuenta que un hombre que regala rosas atrae, pero un hombre que cocina se roba el corazón de su cualquier dama.

Establece para ti algunas reglas de consumo propio. "si ella cocina yo lavo", "si ella plancha yo tumbo el polvo", "si ella alimenta al bebe yo lo duermo". Si empiezas a aplicarlas en tu vida marital el cambio será inmediato. Para equilibrar esta situación debemos abolir el machismo y feminismo de nuestras sociedades. Si entendemos perfectamente que las mujeres tienen los mismos derechos que los hombres y los hombres los mismos deberes que las mujeres, entonces tendremos más de la mitad del camino recorrido hacia la felicidad conyugal.

Si aún piensas que esto puede ser insignificante puedes revisar por internet las fotografías y comentarios donde se representan los resultados de largas investigaciones del japonés Masaru Emoto. Dichas fotografías han sido publicadas en un magnífico libro titulado ***"Los Mensajes del Agua"***. El sr Emoto, expuso, pequeñas cantidades de agua a diferentes mensajes verbales y tonadas musicales, cada una de ellas evocaba una energía no perceptible para el ojo ni el oído humano; pero con fotografías tomadas a través de un lente de microscopio, podemos observar la reacción de las moléculas del agua al ser expuestas a las energías proyectadas por diferentes sonidos con diferentes intenciones cada uno.

Si usted todavía duda que sus pensamientos y sus palabras están de hecho impactando y modelando el mundo que le rodea, la vista de las fotografías de Emoto eliminará cualquier duda al respecto, Ahora que somos conscientes de eso, quizá podamos comenzar a darnos cuenta de que, cuando damos unas palabras de amor a nuestros semejantes, el mensaje tiene más importancia de la que pensábamos. Nuestro propio cuerpo está compuesto en un 70 por ciento de agua. Y la superficie de la tierra es también un 70 por ciento de agua. Quizá, habiendo visto esto, podamos comenzar a entender realmente el inmenso poder que poseemos al desarrollar nuestros pensamientos e intenciones.

El nido

El que se casa, casa quiere; ese es un viejo dicho venezolano que nos hace ver que cuando nos casamos tenemos la necesidad de formar un recinto de amor que nos permita tener la privacidad suficiente como para dirimir sus problemas y consumar la unión las veces que sean necesarias. Esto aplica de igual manera para concubinos como para esposos que vivan bajo un mismo techo.

No importa si es una casa o un apartamento, si es propio o alquilado, lo verdaderamente importante es que como familia se sientan cómodos, y que entre ambos hagan de ese espacio su hogar.

En el hogar, hay fundamentos básicos para que la armonía y el amor se propicien fácilmente.

La habitación principal: En este espacio la palabra claves es "intimidad", siempre sujeto a las posibilidades económicas de cada pareja, los ideal es que se pueda contar con un buen colchón donde dormir, no muy grande porque se perderían en ese gran espacio, tampoco muy pequeño ya que no podrán descansar al momento de dormir; otro consejo importante en cuanto a la habitación se refiere, es que en su interior no haya televisor alguno. Este equipo aunque entretenido, se roba un valioso tiempo en el que la pareja debería platicar y consentirse; lo más importante es la inviolabilidad del espacio. Nadie debe entrar allí. Solo las energías de la pareja son las que deben permanecer en ese espacio inviolable.

El comedor: Para el lugar donde nos alimentamos la palabra clave es "unión", siempre he pensado que la familia que se alimenta unida permanece unida.

La mesa o mesón, y la cantidad de puestos que el contengan no tiene mucha relevancia, no así, el lugar en el que la pareja se sienta; estos deben estar uno frente al otro solo si no hay más comensales, de lo contrario siempre uno al lado del otro. Psicológicamente hablando, esa distancia que la mesa coloca entre tú y tu media naranja invita a la separación y la confrontación, no en un sentido tan literal, pero si en el ámbito energético. ¿Cómo podrás abrazarla?, ¿cómo podrás tomarlo de la mano?; ustedes ya dejaron de ser dos personas para convertirse en uno solo, y por lo tanto deben permanecer tan cerca como les sea posible.

El comedor es ese lugar sagrado donde oramos, nos alimentamos, damos la energía vital a nuestro cuerpo y donde haciendo la sobremesa, tenemos la posibilidad de intercambiar ideas y comentarios sobre lo que ocurrió u ocurrirá durante cada día de sus vidas.

Higiene y orden: En este caso la palabra clave es "armonía", la limpieza va de la mano de la organización, un lugar desordenado brinda un aspecto sucio y viceversa, por eso, con un trabajo en equipo, debemos procurar conservar un ambiente agradable, para así poder decir hogar dulce hogar.

El lugar donde habitas debe ser un espacio al que te provoque volver, ese sitio donde "te reseteas" y las preocupaciones se desvanecen". Buena iluminación, ventilación natural, y un buen olor (puede ser artificial, como algún incienso o fragancia), harán de su hogar el mejor lugar con una estupenda experiencia sensorial.

Cuando te casas, creas una especie de empresa, en donde los integrantes de dicha sociedad, tienen como objeto principal formar una familia. Para incentivar a su buen funcionamiento debes crear las mejores instalaciones. Esta pequeña fábrica de éxitos donde la materia prima es el amor es la que todos llamamos hogar.

Hijos en la relación

No es la flecha, es el indio

Cuando la naturaleza nos lo permite, y las condiciones están dadas, llega un hijo a nuestras vidas y lleva la relación de pareja hasta el siguiente nivel, en algunas ocasiones, la búsqueda de un hijo es algo planificado, en otras no tanto. Pero sea cual fuere el caso, un hijo es una bendición de la naturaleza por el simple hecho de ser la creación fruto de un acto de amor. Entonces, ¿Por qué un hijo podría ser motivo de separaciones familiares?

Independientemente de que sea concebido por la pareja, sea hijo de uno de ellos únicamente, o que sea adoptado y el vínculo sea únicamente de afinidad; somos los adultos los que debemos deshacernos de los traumas, resentimientos y rencores no resueltos con las personas que se encargaron de nuestra crianza, de lo contrarios podríamos estar contribuyendo a repetir el ciclo y estaríamos ejerciendo una influencia negativa sobre el niño.

Uno de los mayores problemas que desestabiliza las bases de una relación de pareja cuando hay hijos en medio, es asumir que el niño debería entendernos a nosotros y comportarse como un adulto, eso es simplemente una locura.

Un niño es como una hoja en blanco, eres tú el que debe guiarlo a que escriba su propia historia, él no tiene pasado, no tiene experiencia, no tiene miedos, no sabe de prejuicios, no conoce la diferencia entre el bien y el mal, él es inocente. Pensar que él debe entenderte y actuar racionalmente es algo irracional. Siendo así, tenemos que entender que prepararnos como padres no implica solo comprar pañales, biberones y hacer un espacio adicional en casa; ser padres es mucho más que eso.

No puedes esperar a que ellos vengan a tu terreno, eres tú el que debes entrar en sus mundos, debes volver a tus inicios; esa es la oportunidad que tienes para "sacar el niño que llevas por dentro". Eres tú el que debe ir un paso adelante, es similar al trabajo de un detective policial; para resolver un caso, él debe pensar como pensaría el delincuente, sería absurdo esperar a que el delincuente se comporte como un policía. Solo así el detective puede ir un paso adelante y resolver el caso. Con respecto al detective, tú tienes la ventaja, el niño no es alguien malo; además ya tú sabes cómo ser un niño, tú tienes la experiencia, tú pasaste por esa etapa.

Después de mantener una relación amorosa de por vida, criar un hijo es lo más complicado que hay en la vida. Para ninguno de estos eventos contamos con alguna guía o manual de respuestas.

Esa era una excusa valedera al menos hasta mediados del siglo XX; en los últimos cincuenta años, los estudios desarrollados y literaturas expuestas sobre ambos temas, han avanzado diez veces más rápido de lo que se consiguió en el último milenio. El psicoanálisis, el internet y las redes sociales nos aportan los textos y conocimientos básicos para manejarnos en estas situaciones que pueden ser tan gratas como frustrantes. A pesar de todo, unos cuantos libros nunca serán suficientes como para no equivocarnos; la labor de padres debe ir acompañada de la intuición con la que la naturaleza muy sabiamente nos ha dotado a todos; el trabajo de padres es un trabajo de dos; apoyándonos en la experiencia que cada uno tuvo en su niñez, sabremos qué es lo más favorable para el niño.

No voy a ahondar en el tema para no salirme del contexto que busco, además, una guía completa para criar un hijo requiere de una enciclopedia con cientos de tomos, y en tal caso todavía nos quedaríamos cortos.

Conviviendo con los tuyos

Tener un hijo con tu pareja es una cosa, pero relacionarte con alguien que ya tiene hijos es algo muy distinto. Las industrias del cine y la televisión nos han presentado miles de historias en las que nos hacen creer, que todas las relaciones de padrastros o madrastras con los hijos de sus parejas son problemáticas y conflictivas, pero esto no siempre es así. Ser "padres substitutos" no es algo de otro mundo siempre y cuando se haga un trabajo en equipo.

A continuación, voy a darte unos tips para que esta situación sea agradable para los tres.

✓ <u>Se natural</u>:

Cuando tengas el primer contacto con el niño o niña, debes ser lo más natural posible, si sobre actúas, podrían darse cuenta e inmediatamente se crearía entre ambos una barrera de desconfianza que entorpecerá las relaciones, además de eso, sería imposible e incómodo tratar de mantener esa personalidad falsa para siempre.

- ✓ Haz tu tarea:

  Cuando digo haz tu tarea, me refiero a averiguar en cuanto al niño, cuáles son sus intereses deportivos, sus juegos preferidos o su programa de tv favorito; este es un trabajo en el que el padre o la madre biológica puede y debe ayudarte, si logras manejar esa información tan valiosa para el niño y demuestras un interés sincero en ello, el vínculo afectivo ira creciendo progresivamente y sin trabas. Debes empezar por ser un buen amigo para después poder ser un buen padre.

- ✓ Juega al cómplice:

  La confianza es fundamental para iniciar y conservar relaciones afectivas, hay situaciones, en las que el joven no se atreve a contarle a su mama o su papa, es allí donde entras tú, le ofreces tu apoyo y "le guardas el secreto", eso le hará saber que eres alguien en quien puede confiar. Por supuesto, tu pareja será cómplice debido a que tú le contaras todo, pero ella hará cuentas de que no sabe nada, es un pequeño pero muy valioso juego.

A diferencia de todos estos supuestos anteriormente mencionados, si tu relación amorosa inicia cuando el niño o niña tiene dos años o menos, el vínculo entre ambos se formara naturalmente, ya que él pequeño siempre te habrá visto como su figura paterna o materna dependiendo de cuál sea el caso.

Responsabilidad

La llegada de un nuevo miembro de la familia nos llena de mucha satisfacción, alegrías y unión, pero todo derecho viene acompañado al menos de un deber, y esta no es la excepción.

Educar a un hijo conlleva muchas responsabilidades, pero en este caso quiero hablarles de la responsabilidad entre los cónyuges al momento de convertirse en padres.

Si quieres salir triunfante en la relación, primero debes comprender que un hijo es un motivo y no una excusa. Digo esto pues, muchas son las ocasiones en las que pretendemos culpar al niño de nuestras fallas y equivocaciones.

"Apoyo" es la palabra clave cuando nos referimos a responsabilidades parentales, desde el momento de la concepción, pasando por la gestación, hasta llegar a la crianza, el padre es el responsable de ayudar a la madre; no importa cuál sea su profesión u ocupación, su papel tiene que ser de protagonista y no de espectador; el hombre trabaja para vivir y no al revés.

Por más cansado que llegues después de cada jornada laboral, debes dedicar tiempo de calidad al niño, esto ayudara a tu pareja a no llevar toda la carga sola y le hará sentir que la valoras como mujer.

En el caso particular de la madre, quiero desmentir el mito que muchas apoyan cuando dicen que, "no se puede ser madre y mujer al mismo tiempo"; no solo se puede, debe ser así, de lo contrario, alguno de los dos se podría sentir desplazado. Usualmente no me gusta polemizar, pero prefiero hacerlo antes que mentir. Siempre que alguien me pregunta sobre el tema en cuestión, yo le digo que se debe ser pareja antes que padres. El porqué de esto se los voy a ejemplificar con un símil muy particular.

Cuando un avión va en caída libre y entra en despresurización, caen las mascarillas de techo para suministrar oxígeno, las recomendaciones que se aplican en esos casos, es que sea el adulto el que se coloque la mascarilla en primera instancia, luego, sería el mismo, el que debe colocarle al niño la mascarilla que le corresponde. Esto se debe a que la despresurización induce al desmayo, y si se desmaya el adulto, sería más difícil que el niño pueda ayudarlo, caso contrario, siendo el adulto la persona racional, podría atender al niño con facilidad en caso de que este se desmaye primero.

En tal caso, si se es mujer antes que madre, ambos padres podrán mantenerse fuertes para afrontar los problemas que se sobrevengan con su hijo, además de que el niño siempre estará feliz de ver a sus padres juntos. Pero, si la situación es contraria a esta y como madre das apoyo a tu hijo antes que al padre del niño, en primera instancia estarías desautorizándolo como adulto, y muy probablemente crearas una situación de discordia al desplazarlo y restarle prioridad. Solo en una circunstancia en la que el padre atenta contra la integridad física o psicológica del niño, haría una excepción a todo lo antes ya mencionado, siempre obrando en pro del bienestar del menor.

Tiempo para los dos

En la vida que llevamos de forma ajetreada en pleno siglo XXI, hay una cosa intangible que todos atesoramos, pocas cosas (por no decir ninguna), son tan valiosas como esto, muchos lo tienen de sobra y no saben qué hacer con él, otros darían lo que fuera por conseguir un poco más de lo que suelen tener, eso tan importante y valioso es el tiempo.

Entre los mejores regalos que puedes darle a tu pareja, está el tiempo de calidad que le dedicas a diario. Excusas sobran a montones para hacer feliz a tu media naranja, eso sin importar si son padres o no.

Es importante que después de cerrar las puertas de la habitación principal, la pasión y el amor sean las energía predominantes en ese espacio. No esperes un llamado de atención para tomar cartas en el asunto; sabemos que el niño, consume gran parte del tiempo que antes de su llegada se entregaban mutuamente, pero, para que la llama del amor permanezca encendida, es más importante la calidad que la cantidad.

Camino a los años dorados

Monotonía y rutina

En el amor, como en cualquier otro ámbito de nuestras vidas, lo difícil no es alcanzar la felicidad si no mantenernos vibrando en esa frecuencia por siempre.

La monotonía y la rutina, son esa hierba mala que debes arrancar del jardín de tu vida amorosa si quieres que el amor y la pasión florezcan por siempre. Con el paso del tiempo, si nos adaptamos a una vida repetitiva, iremos creando hábitos que pueden hacer de nuestra relación algo aburrido. No se necesitan años para que esto suceda, incluso un par de meses pueden ser suficientes para que empieces a ver a tu media naranja solo como una amistad con la que compartes la cama.

Imagina que tu relación amorosa es como tu dentadura; los besos y abrazos son como el cepillado, se recomiendan mínimo tres veces por día; las palabras de amor y gratitud son como el hilo dental, ellos van a sacar cualquier duda o rabia que se puede formar entre ustedes; el sexo es como el enjuague bucal, no hay cantidad límite para el uso, pero al menos una vez por día mantendrá la relación alejada de las bacterias del desamor. Si vas a adoptar alguna rutina, entonces que sea esta; pero, como cualquier rutina termina siendo aburrida, por eso, debes variar la cantidad de veces y los horarios en los que la practican.

Ahora, ¿qué sucede si no atendemos nuestra boca? Primero, se forma la placa dental que vienen siendo esos momentos en donde nos invade el estrés; si no tratas el problema a tiempo llegan las caries, una carie en tu relación trae dolor e irritación, luego te percatas de que estas viviendo con alguien que empieza a molestarte; si no aplicas un tratamiento rápido se forma un acceso y "la infección" se hace insoportable. Para entonces ya será muy tarde, no hay más remedio que extraer el diente, y terminas perdiendo a esa persona con la que te habías jurado eterno amor.

Ahora has memoria y piensa en ¿cuantos "dientes" has perdido por no hacer lo necesario? No olvides que un buen psicólogo o terapeuta familiar podría ser tu "odontólogo" de confianza.

Celos e infidelidades

Muchos creen que los celos van de la mano con las infidelidades; en nuestras mentes tenemos algunos clichés y refranes que forman parte de una programación mental negativa que no nos permite evolucionar como personas. Frases como "te celo porque te amo", nos llevan a una realidad distorsionada de lo que en realidad puede estar sucediendo.

Los celos pueden llegar a ser un catalizador del amor en pareja, esto solo si se manejan de forman adecuada, pero no siempre ese es el caso; pues si no tenemos el control sobre nuestros pensamientos, serán ellos los que terminaran apoderándose de nuestras vidas, convirtiéndonos en personas toxicas e inseguras.

Cuando los celos toman el control sobre nuestras relaciones, nuestra mente puede llegar a ser tan creativa como la de Steven Spielberg y George Lucas juntos, con la gran diferencia que en nuestro caso, en vez de productivo sería algo destructivo. Puedes tener desenlaces tan perjudiciales como la depresión, la paranoia o incluso la esquizofrenia; y peor aún, cualquiera de ellas podría terminar cobrándose tu vida. Después de todo esto la verdadera pregunta es ¿Por qué celamos?, la respuesta es sencilla. Celamos por que amamos e idolatramos a otras personas tanto como no lo hacemos con nosotros mismos.

La pirámide que les presento a continuación, muestra los niveles de amor e importancia que deberíamos tener cada uno de nosotros en nuestras vidas.

Cuando el pilar de tu vida eres tú mismo, no hay forma de que puedas sentirte solo o abandonado, cualquier deslealtad o engaño no podrá sembrar inseguridades en tu identidad como persona. Mas nadie debe ocupar ese lugar tan especial, recuerda que a final de cuentas, hasta nuestra sombra nos abandona cuando estamos en la oscuridad.

En el segundo peldaño se encuentra Dios; él es ese ser supremo en el que crees y en el cual pones tu vida en sus manos; es esa deidad que lidera la religión en la que tú crees. Pero, los ideales de tu religión podrían fallarte, o incluso sus voceros aquí en la tierra, sin embargo eso no causarían ningún caos en tu vida ya que tú eres el principal y único protagonista de ella. Recuerda que Dios no es religión.

La razón por la que coloco a la familia en el tercer peldaño de la pirámide, es porque ellos están de paso aquí en la tierra, y por ende, debemos entender que muchos de ellos no estarán con nosotros para siempre, y a pesar de lo doloroso que pueda ser o el luto que puedas sentir debido a su deslealtad, su abandono o su muerte; tu yo interno siempre permaneceré en calma, la vida continuara de igual forma. Cuando hago referencia a la familia estoy incluyendo a todas las personas con las que compartimos la mayor cantidad de tiempo en nuestras vida, independientemente de que el vínculo sea de consanguinidad o afinidad.

Las amistades están en el cuarto y último lugar, debido a que estas van y vienen, hacemos amistades en el jardín de niños, en primaria, en la secundaria, en la universidad, en el lugar donde vives y en los lugares donde trabajas. En el transcurrir de tu vida debes hacer al menos unos quinientos amigos nuevos, eso como mínimo; pero, ¿Con cuántos de ellos aun mantienes contacto frecuente?, Como ves, con las amistades el apego llega a ser mucho menor que con tu familia. Cuando haces un verdadero amigo, ese que es tu confidente y leal compañero, esa persona pasa a formar parte de tu familia y queda ubicado en el tercer peldaño en cuanto a su importancia.

Volviendo de lleno al tema de los celos; no propongo que, si tu pareja coquetea con otra persona que no sientas celos, solo digo que el sufrimiento será mucho menor si defines bien tus prioridades; sin embargo, si este es el caso, el mejor remedio siempre va a ser la buena comunicación; no guardes rabias ni estrés en tu organismo, habla con tu pareja sinceramente y con un tono de voz sereno, y veras que en cada ocasión todo tiene una explicación. Pero si después de mucho hablar el problema persiste, unas sesiones de terapias de pareja podrían ser la solución al conflicto.

En cuanto a la infidelidad les puedo decir que es un tema de nunca acabar, desde que el amor llego al mundo, la traición se vino de polizon a sabotearnos la fiesta.

La infidelidad a mi parecer no radica simplemente en el acto de besar o tener sexo con otra persona que no sea tu pareja actual, la infidelidad va mucho más allá de eso; desde el momento en que empiezas a tener un trato especial con esa tercera persona con el ánimo o la intención de tener un contacto o relación sexual. Desde ese preciso instante inicia la infidelidad; allí aplica perfectamente la frase que dice "la intención es lo que cuenta".

Si nos adentramos en el mundo de las infidelidades, podremos ver que son muchísimos los mitos por los que la gente se ve tentada a hacerlo, desde patrones de comportamiento adquiridos en la crianza, pasando por las "conductas de rebaño", hasta la búsqueda de algo que no consigues en casa, inclusive, los que siguen sus instintos de depredadores. Esto por no mencionarlos todos, pues la infidelidad es un tema muy extenso en cuanto a sus motivos como para tratarlos todos en este libro. A continuación te hablare en detalle de cada uno de ellos y veras que, a diferencia de lo que muchos piensan, no siempre es tu culpa si tu pareja te es infiel. Por eso mi recomendación es que no lo tomes totalmente personal.

En lo que respecta a los patrones de personalidad adquiridos en la crianza, tal como su nombre lo indica, son conductas aprendidas por consejos recibidos o ejemplos percibidos, de parte de las personas que fueron pilares y guías en nuestro crecimiento. No obstantes eso no debería tomarse siempre como una excusa, pues como seres racionales que somos, siempre tenemos el control sobre nuestros actos, la diferencia radica entre los que deciden copiar estilos de vida y los que toman esas conductas como punto de partida para no adoptar esos hábitos. Y de esta forma encaminar sus relaciones por el camino del respeto.

Las "conductas de rebaño", son aquellas en las que nos vemos expuestos cuando convivimos con grupos de personas abiertamente infieles, esto quiere decir que todos conocen y aprueban las aventuras que cada individuo mantiene, incluso esto puede ser de una forma muy mórbida, motivo para competencias e historias. El integrante que no presenta el mismo comportamiento del grupo, se ve sometido a burlas e incluso a ser excluido o ignorado. Es allí donde esta persona decide prestarse para dichas conductas antes que afrontar el rechazo de sus compañeros. Para que esto no suceda, la persona en cuestión debe contar con valores de respeto, compromiso y una personalidad bien definida, tanto como para no ceder ante las presiones. Los grupos en los que esto suele ser más frecuente son; clubes radicalmente sexistas, compañeros de estudio o de trabajo que pasan largas jordanas juntos. También suele suceder en la familia aunque no con tanta frecuencia.

En cuanto a los motivos de infidelidades que más deben llamar tu atención, están aquellos en los que la infidelidad se desarrolla debido a tus desatenciones. Son muchas la ocasiones en las que nuestra media naranja nos pide más atención, más afecto, más comprensión o una mayor entrega en el sexo; incluso la petición de un cese de las discusiones, al ser ignorada, puede llevar a la pareja a buscar por fuera del hogar lo que no encuentra en casa. No con esto estoy justificando dichos actos, ya que, si no consigues solucionar los problemas entre tú pareja y tú, lo más sensato será que cierres ese ciclo antes de abrir otro.

Los seres humanos desde épocas prehistóricas, hemos desarrollado instintos de caza para poder sobrevivir antes las adversidades de la naturaleza y la competencia con otros seres vivos. Cada reto que afrontamos y superamos de manera exitosa nos hace sentir más vivos, nos hace pensar que nuestras habilidades, (y en el caso del amor nuestros encantos), se encuentran más vigentes que nunca. Para explicar en detalle a lo que me refiero, voy a citar textualmente un párrafo de *"El libro del hombre"* escrito por el gran autor Osho.

"Te enamoras de una mujer porque es algo nuevo: la psicología, las proporciones de su cuerpo, su cara, sus ojos, sus cejas, el color de su pelo, su forma de caminar, su forma de volverse, su forma de decir hola, su forma de mirar. Todo es nuevo, un territorio desconocido: te encantaría explorar este territorio. Es tentador, muy tentador, estás atrapado, hipnotizado. Y cuando comienzas a acercarte, ella se escapa; forma parte del juego. Cuanto más se aleja, más encantadora te parece. Si te dijese simplemente: «Sí, estoy dispuesta», mataría en ese mismo instante la mitad de tu entusiasmo. De hecho, empezarías a pensar en huir. De modo que te da la oportunidad de perseguirla. La gente nunca está tan contenta como durante el cortejo -muy felices porque la persecución continúa. El hombre básicamente es cazador, de modo que cuando persigue a la mujer que se escapa, intentando esconderse aquí o allá, evitándole, diciéndole que no, el hombre se excita más y más. Es un desafío intenso; tiene que conquistar a la mujer. Ahora sería capaz de morir por ella o lo que hiciera falta, pero tiene que conquistarla. Tiene que demostrar que no es un hombre corriente."

Es por esto que debemos hacer de los celos de nuestra pareja algo positivo. Crea la intriga, pon un poco de picardía sana entre ustedes para que el juego de la conquista permanezca siempre vigente; ten en cuenta que cuando se alimenta a una serpiente en cautiverio, esta no come animales muertos, por lo tanto, la rata que le das debe estar viva para que ella pueda cazarla, de lo contrario no representa ningún desafío y prefiere no comerla.

La comunicación es la clave

Al contrario de lo que muchos piensan, la comunicación no se limita a hablar y escuchar, comunicarse es mucho más que eso, es un intercambio de energías donde cada circunstancia cuenta; nos empezamos a comunicar desde que escuchamos la vos de nuestra madre por primera vez, esos sucede algunas semanas después de la concepción.

Nos comunicamos con los ojos, con una sonrisa, con las manos, con un gesto, incluso, cuando dos personas están en plena sintonía y en la misma frecuencia energética, se entabla una comunicación tan especial en la que ninguno de los comunicadores necesita hablarse o si quiera moverse para entenderse, es una experiencia extra sensorial que la PNL define como "Rapport".

Toda, absolutamente todas las relaciones entre seres vivos se basan en la comunicación; discusiones familiares, separaciones amorosas, y guerras mundiales se han originado por falta de una comunicación eficiente.

En un mundo tan rápido como el nuestro, donde recibimos información de múltiples fuentes constantemente, y los problemas te llegan desde todos los aspectos de tu vida, (salud, trabajo, familia, amistades), tu mejor aliado para conseguir soluciones es la buena comunicación en pareja; que mejor persona para confiarle tus situaciones del diario que aquella con la que decidiste pasar el resto de tu vida. La diferencia más importante entre tu pareja y tu mejor amiga, radica en que con la segunda, el deseo y la actividad sexual no existe.

Si no hay buena comunicación en la pareja, el no sexo podrá ser placentero, mucho menos podrán llegar a un acuerdo en cómo criar a sus hijos, por lo tanto la separación será inminente; caso contrario, si la comunicación es óptima, esta reforzara las relaciones entre tú y tu pareja con el pasar de los años; los hijos crecerán y harán sus vidas fuera de tu casa, incluso podría cesar la actividad sexual entre ambos, pero si la buena comunicación persiste, no existirá un motivo más fuerte que la muerte que pueda separarlos.

Vamos a reinventarnos

Luego de 20, 30 o 50 años, viviendo junto a una misma persona la vida en pareja puede llegar a tornarse aburrida, sin sentido y monótona, tal cual como un barco a la deriva; pareciera que ya nada los llena, y que llegaron a un callejón sin salida, para situaciones como estas deben renovarse constantemente.

Una renovación amorosa se puede realizar desde muchos puntos de vista, esto es algo muy sencillo de hacer si permiten que la creatividad tome el mando en cuanto al rumbo de sus vidas amorosas. Una de las técnicas más recomendadas consiste en sentarse ambos como pareja, uno al lado del otro, tomarse diez minutos de su tiempo con papel y lápiz a mano, y hacer una lista de algunos sueños y metas, que por darle prioridad a otras cosas en el pasar del tiempo no han cumplido todavía.

La persecución de metas en común, puede darle un nuevo sentido y una nueva perspectiva a sus vidas, y así reafirmar ese afecto y compromiso que un día los unió.

Generalmente cuando ya los hijos están grandes y haciendo sus propias vidas, se acerca el momento del retiro en cuanto a lo profesional se refiere. Para entonces debes tomar ese tiempo libre como un punto a tu favor. En cuanto a la lista, la obtención de cada meta o sueño en común, debe estar rodeada de diversión y entretenimiento, el cumplimiento de cada uno será el propósito final pero la diversión y la felicidad serán el camino para alcanzarlos. Actividades como viajar, asistir a eventos, y hacer cosas que nunca pudieron hacer serán referencia para empezar. Por ejemplo, si él ha soñado con lanzarse en paracaídas, ella será la persona encargada de organizar todo para que eso suceda; si ella siempre ha soñado con hacer un safari, él va a ser su principal compañero y guía turístico por esa aventura. Sin embargo, no todos los sueños implican un alto costo monetario, cosas simples como pintar un cuadro, ver un atardecer en la playa, o actividades altruistas como iniciar una fundación benéfica, les brindaran sensaciones de plenitud y agradecimiento.

El sentimiento que se obtiene cuando se consigue una meta por la que se ha trabajado y se ha luchado es indescriptible, y si la sensación de éxito los embarga a ambos, podrán ratificar así, que aún hay motivos por los cuales permanecer juntos.

Otra forma de dar vida al sentimiento de amor y reafirmar el compromiso amoroso que ambos adquirieron, consiste en renovar los votos de amor que un día se hicieron uno al otro; para esto no es necesario que estén casados, pues como ya lo dije antes, el matrimonio es solo una ceremonia protocolar. Siendo así, son muchas las personas, que sin casarse entregan sus vidas a ese ser amado, y eso no implica que no exista un intercambio de votos de amor, respeto y lealtad entre ambos.

Gratitud

Por ultimo pero no menos importante esta la gratitud, ningún éxito está completo si no agradecemos por lo que tenemos. El sentimiento de gratitud emana una energía de las más poderosas existentes en el planeta, esa energía actúa como un boomerang que traerá a ti más de eso por lo que estas agradecido.

Agradecer, activa nuevamente el ciclo en el que deseas, pides y obtienes momentos de felicidad y satisfacción en cualquier aspecto de tu vida. El universo entero, el planeta tierra, y todos los seres vivos que allí habitamos somos energía; y la energía no puede destruirse, solo transformarse, por eso, queda de tu parte, hacer de tu vida familiar y sentimental un ambiente repleto de la mejor energía existente, y esa es la energía del amor.

Sobre el autor

Gerardo Navas es un abogado de profesión, psicólogo por vocación, es el hijo mayor de dos hermanos, nacido en el estado Mérida, Venezuela. Autodidacta y siempre con espíritu de emprendedor. Inicia en el 2007 su carrera en el mundo de las ventas empezando como vendedor de puerta a puerta hasta convertirse en gerente de campo, dos años más tarde obtiene su título universitario en la Universidad Santa María del Estado Barinas, como cualquier lector apasionado sigue instruyéndose y aprendiendo tanto sobre ventas como finanzas personales; luego de ocho años en el mundo de las ventas empieza esa búsqueda interior para conseguir su propósito en la vida y algo en que trabajar con pasión. En el año 2015, luego de conocer tantas personas en su trayectoria por las empresas de mercadeo en red, la misma que lo llevó compartir a diario de experiencias e inquietudes tanto de su equipo de venta como sus clientes con quienes creaba un nexo de amistad más allá de los negocios; despierta una curiosidad interna que lo hace reflexionar en el porqué de los principales problemas en el seno familiar de la sociedad después de más de 2000 años de su evolución, es allí donde decide organizar lo que escribía en sus notas mentales para así iniciar su carrera como escritor, culminando este, su primer libro titulado : "¿Cómo negociar con Cupido?", donde enfoca lo que ha aprendido en su relaciones interpersonales y muestra de forma clara algunos tips claves para lograr ser feliz en cualquier ámbito que el individuo se desarrolle.